生活科
カリキュラム・マネジメント

關 浩和
SEKI Hirokazu

ふくろう出版

プロローグ

　生活科は，1989（平成元）年の小学校学習指導要領の改訂で，社会科と理科に代わる教科として誕生する。生活科がスタートした当初から子どもが自主的，意欲的に学習や生活をする基礎的な能力や態度の育成を重視し，その後の学習や生活の基盤の充実を図ることで，学校教育の質的変容を期していたと思われる。

　2008（平成20）年の2回目の改訂では，活動や体験を一層重視するとともに，気付きの質を高めることや，幼児期の教育との連携を図るなどの充実が目指される。各小学校においては，言葉と体験を重視して，身近な人々，社会及び自然等と直接関わることや気付いたこと，楽しかったことなどを表現する活動を大切にする学習活動が行われることになる。そして，さらなる充実を図ることを目指して，今回，生活科は，2017（平成29）年に3回目の改訂が行われる。

　その主な改訂の趣旨は，以下の通りである。

①活動や体験を行うことで低学年らしい思考や認識を確かに育成し，次の活動へつなげる学習活動を重視すること。

　「活動あって学びなし」との批判があるように，具体的な活動を通して，どのような思考力等が発揮されるか十分に検討する必要がある。

②幼児期の教育において育成された資質・能力を存分に発揮し，各教科等で期待される資質・能力を育成する低学年教育として滑らかに連続，発展させること。

　幼児期に育成された資質・能力と小学校低学年で育成する資質・能力とのつながりを明確にし，そこでの生活科の役割を考える必要がある。

③幼児期の教育との連携や接続を意識したスタートカリキュラムについて，生活科固有の課題としてではなく，教育課程全体を視野に入れた取組とすること。

　スタートカリキュラムの具体的な姿を明らかにするとともに，国語科，音楽科，図画工作科などの他教科等との関連についてもカリキュラム・マネジ

i

メントの視点から検討し，学校全体で取り組むスタートカリキュラムとする
必要がある。
④社会科や理科，総合的な学習の時間をはじめとする中学年の各教科等への
　接続を明確にすること。

　単に中学年の学習内容の前倒しにならないよう留意しつつ，育成を目指す
資質・能力や「見方・考え方」のつながりを検討することが必要である。

　生活科は，誕生以来約30年を経過して，設立当初のブームは去り，明らかに停滞気味のように見えるが，学校教育の改革に生活科新設が果たした意義は大きい。

　生活科を意義ある教科として存続させていくために，子どもが「学ぶ喜び」と自己の成長を実感できる授業にしていかねばならない。学ぶ喜びとは，①知らないものを知る喜び②自分で創意工夫する喜び③わかるようになった喜び④できるようになった喜び，などである。生活科によって，新たな自分の発見や，自分に自信がもてる自己効力感や有能感，何より自分の可能性を信じられるようになることが重要である。

　本書では，小学校教育の中で重要な位置にある生活科教育の意義，誕生の経緯，目標，内容構成などあらゆる項目に基づき，生活科授業をマネジメントしていくための豊富な事例を紹介している。実践事例は，広島大学附属小学校での筆者の実践をベースに再構成を図っている。大学における初等生活科教育法や生活科授業開発研究を受講している学生諸君はもちろんのこと，学校現場で日々生活科授業を担当している教師にとって生活科教育のバイブル的存在になってほしいと願っている。

　2019年4月6日

　　　　　　　　　　　　　　　　　　　　　　　　關　　浩和

目　　　次

プロローグ

第Ⅰ部　生活科カリキュラム・マネジメントの理論

第1章　生活科の存在意義 ……………………………………………… 3
第1節　生活科誕生の経緯 …………………………………………… 3
第2節　生活科の目標 ………………………………………………… 8
第3節　生活科の内容構成 …………………………………………… 13
第4節　生活科の意義 ………………………………………………… 16
　　　1　自立し生活を豊かにしていく生活科　16
　　　2　四つの出会いを大切にする生活科　17
　　　3　スクリプトを引き出す生活科　20
　　　4　ネットワークのハブ的役割を果たす生活科　21

第2章　生活科カリキュラム・マネジメントのための理論 ………… 23
第1節　生活科の背景にある理論 …………………………………… 23
　　　1　「方法的能力」を育てる生活科　23
　　　2　「自己意識」を育てる生活科　25
　　　3　「社会性」を育てる生活科　32
　　　4　「空間認識能力」を育てる生活科　38
　　　5　「自己表現力」を育てる生活科　43
第2節　比較・分類思考による生活科授業デザイン ……………… 46
　　　1　子どもの気付きで構成される生活科授業　46
　　　2　方法原理を学ぶ生活科授業　48
　　　3　ホリスティックな学びとしての生活科授業　51
　　　4　比較・分類思考で創る生活科授業　53

第Ⅱ部　生活科カリキュラム・マネジメントの方法

第3章　生活科カリキュラムのプラン ……………………………………… 63

第1節　生活科の「見方・考え方」を鍛えるカリキュラム・マネジメント ……… 63

1　近未来の社会に求められる学び　63

2　単元をつなげて「見方・考え方」を鍛える　63

3　教科をつなげて「見方・考え方」を鍛える　65

第2節　第1学年生活科カリキュラムデザインのプラン ………………… 67

1　第1学年授業デザインのプラン　67

2　第1学年年間デザインのプラン　71

第3節　第2学年生活科カリキュラムデザインのプラン ………………… 80

1　第2学年授業デザインのプラン　80

2　第2学年年間デザインのプラン　83

第4章　生活科授業デザインの事例 …………………………………… 94

第1節　第1学年の生活科授業デザインの事例 ………………………… 94

1　単元「がっこう　たんけん」の授業デザイン　94

2　単元「公園へ行こう」の授業デザイン　104

3　単元「おおきく　なってね①」の授業デザイン　117

第2節　第2学年の生活科授業デザインの事例 ………………………… 129

1　単元「おおきく　なってね②」の授業デザイン　129

2　大単元「ランドマークを見つけよう」の授業デザイン
　－第1学年・第2学年「社会的空間の広がり」を中心に
　構成した実践－　142

第3節　単元相互の関連性をもたせる生活科授業デザインの事例 ……… 166

1　大単元「きせつをかんじて」の授業デザイン
　－第1学年「自然との関わり」を中心に構成した実践－　166

2　大単元「成長のあしあと」の授業デザイン
　－第1・2学年「自分の成長」を中心に構成した実践－　187

第5章　生活科授業デザインの評価 ……………………………………… 209

　第1節　生活科授業デザインにおける評価の意義 ……………………… 209

　　1　R－PDCAサイクルの実践　209

　　2　生活科授業デザインの評価のポイント　210

　第2節　生活科授業デザインにおける評価の方法 ……………………… 217

　　1　観察・作品分析評価法　217

　　2　メタ評価法　219

　　3　ポートフォリオ評価法　220

　第3節　生活科授業デザインにおける評価の展開 ……………………… 223

　　1　エンカウンターで気付きを深める　223

　　2　教師の役割　225

　　3　求められるマネジメント力　228

エピローグ ………………………………………………………………… 230

資料編

　学校教育法施行規則（抄） ……………………………………………… 232

　小学校学習指導要領（抄）　第1章　総則 …………………………… 235

　　　　　　　　　　　　　　第2章　第5節　生活 ………………… 241

第Ⅰ部

生活科カリキュラム・マネジメントの理論

第1章　生活科の存在意義

第1節──生活科誕生の経緯

　生活科は，これまで他教科が行ってきた知識偏重や教え込み教育への批判の中で生まれてきた教科である。1987（昭和62）年12月に教育課程審議会答申で，「生活や学習の基礎的な能力や態度などの育成を重視し，低学年の心身の発達状況に即した指導が可能となるように新教科を設定し，体験的な学習を通して総合的な指導を一層推進することが必要である」という内容から「生活科のねらい」が設定され，1989（平成元）年3月の学習指導要領改訂と学校教育法施行規則の一部改正によって，小学校低学年の社会科と理科が廃止され，生活科が誕生する。しかし，生活科は，1989（平成元）年の学習指導要領改訂によって急遽設置されたものではなく，戦後教育の状況とその評価を踏まえ，小学校低学年の発達段階にふさわしい教育の在り方が考えられ，多くの実践と反省に基づき，さらに，幼稚園教育との円滑な接続を考慮して設置されたものである。

　日本の小学校が，教育課程を編成する際に，その具体的な拠り所となるのが，小学校学習指導要領である。学習指導要領は，戦後，1947（昭和22）年に初めて制定され，その後，全教科に関わる改訂は，1951（昭和26）年，1958（昭和33）年，1968（昭和43）年，1977（昭和52）年，1989（平成元）年，1998（平成10）年，2008（平成20）年，2017（平成29）年の8回の改訂を経て，今日に至っている。

　この学習指導要領に基づく各学校の教育活動は，諸外国の影響を受けながら，日本の社会情勢の変化と密接な関わりをもっている。

　昭和20年代は，第二次世界大戦後の混乱期であり，アメリカ合衆国を中心とする連合国の占領下で，人々は日々の衣・食・住を確保することに追われ，学校教育では，生きるために身の回りの諸問題を解決する力を養うことに重点が置かれる生活単元学習や生活的問題解決学習全盛の時代である。小

学校教育全体が，総合的生活教育を実践していた時代である。

　昭和30年代に入り，日本が独立を果たし，経済的にも少しずつ自立への気運が高まってくると，学校教育に対して，「学力低下」や「はいまわる経験主義」教育に対する批判が高まってくる。その結果，1958（昭和33）年の学習指導要領の改訂では，学習内容の知的構造性，つまり，習得する知識の系統性を重視する系統主義教育へと，一大転換がなされることになる。

　この系統主義教育のピークが，1968（昭和43）年の学習指導要領である。当時，世界を風靡した「教育の現代化運動」の余波は，日本の学習指導要領にも及び，科学技術の進歩によって高度経済成長を続けていた我が国の社会情勢と相まって，その内容は，科学的構造性を高め，その質的水準は極めて高いものである。

　昭和40年代は，経済大国として日本が，世界に認識される一方で，経済優先の産業施策が，多くのマイナス面を生み出す。その典型的な事例が，環境汚染や公害問題であり，第一次石油ショックにより，経済・産業優先の考え方が大きな転換を迫られる時代である。また，教育内容の質的水準が高いことは，優秀な人材を生み出す一方で，学習不振児いわゆる落ちこぼれを生み出す。学習指導の面では，知識の記憶に力点が置かれ，実験・実習や体験的活動が，軽視されがちな風潮をつくることになっていく。このことは，1989（平成元）年の生活科誕生の伏線になっている。1971（昭和46）年に出された中央教育審議会答申では，「初等教育段階における基礎的な能力の育成は重要であって，文化の継承と思考，表現および相互理解の基礎能力を養う国語教育と論理的思考力の根底をつちかう数学教育の役割はいっそう重視されなければならない。とくにその低学年においては，知性・情操・意志および身体の総合的な教育訓練により生活および学習の基本的な態度・能力を育てることがたいせつであるから，これまでの教科の区分にとらわれず，児童の発達段階に即した教育課程の構成のしかたについて再検討する必要がある」と指摘されている。

　そのことは，1977（昭和52）年の学習指導要領改訂に影響を与え，人間主義の考え方を真正面に打ち出す改訂になる。つまり，自ら考え正しく判断できる力をもつ児童・生徒の育成を基本的目標に掲げ，その実現に向かって，

第1章　生活科の存在意義

人間性豊かな児童・生徒を育てること，ゆとりのあるしかも充実した学校生活が送れるようにすること，国民として必要とされる基礎的・基本的な内容を重視するとともに，児童・生徒の個性や能力に応じた教育が行われるようにすることなどである。

1976（昭和51）年12月18日の教育課程審議会答申では，「小学校における各教科等の編成は，現行どおりとするが，低学年においては，児童の具体的かつ総合的な活動を通して知識・技能の習得や態度・習慣の育成を図ることを一層重視するという観点から合科的な指導を従来以上に推進するような措置をとることが望ましい」と指摘され，新教科設置には踏み込んでいない。しかし，この当時の審議会には，小学校低学年における教科編成等について審議を行う委員会が設置され，1975（昭和50）年9月8日付の審議のまとめの中で，①低学年における合科的な学習指導を一層推進すること，②内容を精選し，知識内容を教えるだけでなく，具体的な活動を通して態度や習慣の育成を図るようにすること，③第1学年に，社会科及び理科の内容を中心として，たとえば児童が自分たちを取りまいている社会及び自然的な環境について学習することを共通のねらいとするような目標と内容をもった統合的な教科の設定について研究してみる必要があることが示されている。

このまとめは，1975（昭和50）年10月18日に同審議会が出した「中間まとめ」の中に反映され，1976（昭和51）年2月に新教科の研究に関する協力者会議が発足している。同会議は，新教科の目標，内容，年間指導計画，単元例などについて研究を行い，1976（昭和51）年7月に「研究のまとめ」を提出し，同会議は，①理科及び社会科の内容に加え，もっと幅広い内容を加えることが適当ではないか，②合科的な指導を行いやすいよう，低学年の内容を改善し，指導書を作成するとともに，研究学校を設けて試行を重ねることが必要ではないか，などを提言している。これらの研究や試行案を総合的に考慮して，1976（昭和51）年末に，同審議会の最終答申が出され，1977（昭和52）年の学習指導要領の改訂においては，小学校低学年の教科編成は従来通りとして，合科的指導を一層推進することで落ち着いている。

1989（平成元）年に改訂された学習指導要領は，（1）豊かな心をもち，たくましく生きる人間の育成を図ること，（2）自ら学ぶ意欲と社会の変化

5

に主体的に対応できる能力の育成を重視すること，（3）国民として必要とされる基礎的・基本的な内容を重視し，個性を生かす教育の充実を図ること，（4）国際理解を深め，わが国の文化と伝統を尊重する態度の育成を重視すること，をねらいとしている。

　このねらいは，1977（昭和52）年改訂における人間主義の考え方を継承し，それを一層深化・発展・充実させたものであると考えられる。また，この学習指導要領改訂の方向性を定めた1987（昭和62）年12月24日の教育課程審議会の答申において，小学校の教科編成等については，次のような方針が示されている。「小学校の中学年及び高学年の各教科の編成については現行どおりとするが，低学年については，生活や学習の基礎的な能力や態度などの育成を重視し，低学年の児童の心身の発達状況に即した学習指導が展開できるようにする観点から，新教科として生活科を設定し，体験的な学習を通して総合的な指導を一層推進するのが適当である。生活科は，具体的な活動や体験を通して，自分と身近な社会や自然との関わりに関心をもち，自分自身や自分の生活について考えさせるとともに，その過程において生活上必要な習慣や技能を身につけさせ，自立への基礎を養うことをねらいとして構想するのが適当である。なお，これに伴い，低学年の社会科及び理科は廃止する。したがって，低学年の各教科は，国語，算数，生活，音楽，図画工作及び体育により編成することとする。なお，低学年においては，児童の心身の発達状況を考慮して総合的な指導を行うことが望ましいので，生活科の設定後においても教科の特質に配慮しつつ合科的な指導を一層推進するのが適当である。」

　1977（昭和52）年の学習指導要領の改訂で，小学校低学年における合科的指導が強調されたことを受けて，社会科，理科を中心に図画工作科，国語科などの表現教科を加えて，各小学校現場では，多様な合科的指導の実践が重ねられる。しかし，活動構成の母体となる複数教科の目標を同一の活動で達成しようとするために，かえって活動の目標や内容が拡散してしまい，当初意図した成果が達成されないという指摘がされ，中央教育審議会教育内容等小委員会は，1983（昭和58）年11月15日に「審議経過報告」を公表し，その中で小学校低学年の教科構成について次のように述べている。「低学年

の教科構成については，この時期の児童の心身の発達の状況や幼稚園教育との関連，また，この時期が学校教育の最も基礎的段階であることから，国語，算数に係る基礎的能力の育成に重点を置くとともに，各教科等の内容をそれぞれ分化して指導するよりも，児童の具体的な活動を通じて総合的に指導した方がより実態に合うので，その教科構成を検討すべきであるという指摘が以前からなされている。このことについては，現行の教育課程の基準の改善に関する教育課程審議会の審議の過程においても慎重に検討された結果，教科の構成を変えることにはなお研究と試行の積み重ねが必要であるという考え方が強かったため，低学年における合科的な指導を従前より一層推進することとしているという経緯がある。しかし，この時期の児童の心身の発達段階や幼稚園教育との連続性などの観点からみた場合，小学校低学年の教科構成の在り方は，中学年及び高学年のそれとは異なったものであることが適当であると考える。したがって，この際，小学校低学年の教科構成については，国語，算数を中心としながら既存の教科の改廃を含む再構成を行う必要がある‥‥‥（以下略）」また，1986（昭和 61）年 4 月 23 日に，当時総理大臣直属で教育改革の在り方を審議した臨時教育審議会の第二次答申で，「小学校低学年の教科の構成については，読・書・算の基礎の修得を重視するとともに，社会・理科などを中心として，教科の総合化を進め，児童の具体的な活動・体験を通じて総合的に指導することができるよう検討する必要がある」との指摘を受けて，教育課程審議会は，教育課程の基準（学習指導要領）の改訂の方向性について審議を進め，1986（昭和 61）年 10 月 20 日「中間まとめ」の公表の中で，文部省が設置した教育研究開発学校等の研究成果や，「小学校低学年教育に関する調査研究協力者会議」（1984 年 7 月〜1986 年 7 月）の報告等に基づいて検討した結果，「低学年の教育全体の充実を図る観点から低学年に新教科として生活科（仮称）を設定し，体験的な学習を通して総合的な指導を一層推進するのが適当である」との結論に達したと述べている。その結果，1989（平成元）年告示小学校学習指導要領で，ついに生活科が新設される。この生活科誕生は，単に小学校低学年の当該教科の問題にとどまらず，①体験を重視する教育②個性を重視する教育③学校と家庭・地域の連携を重視する教育という 21 世紀の小学校教育のあり方を示すものである。

第2節 生活科の目標

1989（平成元）年の小学校学習指導要領改訂に基づいて設置された生活科は，次のような教科目標が示されている。

> 具体的な活動や体験を通して，自分と身近な社会や自然とのかかわりに関心をもち，自分自身や自分の生活について考えさせるとともに，その過程において生活上必要な習慣や技能を身に付けさせ，自立への基礎を養う。

また，学年目標は，次のように示されている。

> （1）自分と学校，家庭，近所などの人々及び公共物とのかかわりに関心をもち，集団や社会の一員として自分の役割や行動の仕方について考え，適切に行動することができるようにする。
> （2）自分と身近な動物や植物などの自然とのかかわりに関心をもち，自然を大切にしたり，自分たちの遊びや生活を工夫したりすることができるようにする。
> （3）身近な社会や自然を観察したり，動植物を育てたり，遊びや生活に使うものを作ったりなどして活動の楽しさを味わい，それを言葉，絵，動作，劇化などにより表現できるようにする。

このような教科目標と学年目標の達成を目指す生活科は，具体的な体験や活動を通して，身近な自然や社会について総合的に学習し，社会科の社会認識や理科の自然認識に加えて，新たに自己認識の基礎を培うことを骨格として，生活科という教科の理念が構成されたと言える。

都市化や核家族化が進み，家庭や地域社会の教育力が低下してきた社会状況の中で，小学校低学年の教育課程に生活科という新しい教科を設置する必要性が強調するに至ったわけである。家庭や地域社会が担っていた教育的役割を学校が引き受けるという側面を抱え込んだ当時の教育課程改革は，家庭

や地域社会の教育力低下を一層助長してしまったという反省もあり，現在では，家庭と学校，地域社会の連携による子育ての必要性が強調されるに至っている。

　生活科の新設からほぼ10年が経過した1998（平成10）年の改訂では，生活科の目標は，次のように改められる。

　具体的な活動や体験を通して，自分と身近な人々，社会及び自然とのかかわりに関心をもち，自分自身や自分の生活について考えさせるとともに，その過程において生活上必要な習慣や技能を身に付けさせ，自立への基礎を養う。　　　　　　　　　　　　（下線は，引用者による）

　1998（平成10）年の改訂では，生活科の教科目標はほとんど変更はない。わずかに，筆者が下線を付した箇所に「人々」という二文字が加えられている。

（1）自分と身近な人々及び地域の様々な場所，公共物などとのかかわりに関心をもち，それらに愛着をもつことができるようにするとともに，集団や社会の一員として自分の役割や行動の仕方について考え，適切に行動できるようにする。

（2）自分と身近な動物や植物などの自然とのかかわりに関心をもち，自然を大切にしたり，自分たちの遊びや生活を工夫したりすることができるようにする。

（3）身近な人々，社会及び自然に関する活動の楽しさを味わうとともに，それらを通して気付いたことや楽しかったことなどを言葉，絵，動作，劇化などにより表現できるようにする。　　　（下線は，引用者による）

　1989（平成元）年版と1998（平成10）年版にかけて変更されているのは，筆者が下線を付した箇所である。

（1）では，児童が，身近な人々や公共物に加えて，地域の様々な場所とのかかわりに関心をもつとともに，それらに愛着をもつことができるようにすることが新たに求められている。（3）で，注目されるのが，活動の楽し

さだけでなく，活動を通して「気付いたこと」を表現できるようにすると改められている点である。

　生活科が新設された当時は，生活科授業では，生き生きと楽しそうに活動や体験をすることが重視され，それらの具体的な活動や体験を通して，何に気付かせ，どのように表現できるように支援すればよいのかについては問われないという傾向があったために，それを「気付いたこと」を表現できるようにすると改められたことは，生活科における学習の成立という観点から見て，大転換がなされたと言える。

　そして，2008（平成20）年の2回目の改訂が行われる。教科目標の変更はないが，学年目標は，次のように変更される。

（1）自分と身近な人々及び地域の様々な場所，公共物などとのかかわりに関心をもち，地域のよさに気付き，愛着をもつことができるようにするとともに，集団や社会の一員として自分の役割や行動の仕方について考え，安全で適切な行動ができるようにする。

（2）自分と身近な動物や植物などの自然とのかかわりに関心をもち，自然のすばらしさに気付き，自然を大切にしたり，自分たちの遊びや生活を工夫したりすることができるようにする。

（3）身近な人々，社会及び自然とのかかわりを深めることを通して，自分のよさや可能性に気付き，意欲と自信をもって生活することができるようにする。　　　　　　　　　　　　　　　　　（下線は，引用者による）

　2008（平成20）年改訂の変更点は，次の3点に集約できる。

①生活科の学習活動において，児童にどのような「気付き」を育てればいいのかが明示されたこと。

②「考える」学習を実践することが強調されたこと。

③安全教育や生命に関する学習活動を充実する必要があること。

　さらに，今回の2017（平成29）年の3回目の改訂では，教科目標が大幅に変更となる。

第1章　生活科の存在意義

　具体的な活動や体験を通して，身近な生活に関わる見方・考え方を生かし，自立し生活を豊かにしていくための資質・能力を次のとおり育成することを目指す。
（1）活動や体験の過程において，自分自身，身近な人々，社会及び自然の特徴やよさ，それらの関わり等に気付くとともに，生活上必要な習慣や技能を身に付けるようにする。
（2）身近な人々，社会及び自然を自分との関わりで捉え，自分自身や自分の生活について考え，表現することができるようにする。
（3）身近な人々，社会及び自然に自ら働きかけ，意欲や自信をもって学んだり生活を豊かにしたりしようとする態度を養う。

　教科目標は，生活科の前提となる特質，生活科固有の見方・考え方，生活科における究極的な子どもの姿を示し，生活科を通して育成することを目指す資質・能力が示されている。この資質・能力は，今回の改訂において，各教科共通で示されているものである。これまでは，生活科は自立の基礎を養うことが目標とされてきたが，自立し生活を豊かにしていくための資質・能力の育成が目指されることになっている。
　生活科における資質・能力である（1）は，「知識及び技能の基礎（生活の中で，豊かな体験を通じて，何を感じたり，何に気付いたり，何が分かったり，何ができるようになったりするか）」を，（2）は，「思考力，判断力，表現力等の基礎（生活の中で，気付いたこと，できるようになったことを使って，どう考えたり，試したり，工夫したり，表現したりするか）」を，（3）は，「学びに向かう力，人間性等（どのような心情，意欲，態度などを育み，よりよい生活を営むか）」を示している。学年の目標もこのような子どもの姿の実現に向けて，次のように変更されている。

（1）学校，家庭及び地域の生活に関わることを通して，自分と身近な人々，社会及び自然との関わりについて考えることができ，それらのよさやすばらしさ，自分との関わりに気付き，地域に愛着をもち自然を大切にしたり，集団や社会の一員として安全で適切な行動をしたり

11

するようにする。

（２）身近な人々，社会及び自然と触れ合ったり関わったりすることを通して，それらを工夫したり楽しんだりすることができ，活動のよさや大切さに気付き，自分たちの遊びや生活をよりよくするようにする。

（３）自分自身を見つめることを通して，自分の生活や成長，身近な人々の支えについて考えることができ，自分のよさや可能性に気付き，意欲と自信をもって生活するようにする。　（下線は，引用者による）

　学校や家庭，地域などの子どもの生活圏は，自分が生活する場であるとともに，友だちや先生，家族や地域の人々と共に生活する場でもある。学校，家庭及び地域の生活に関わる場所に実際に出かけ，諸感覚を働かせながら見たり聞いたりするなどして関わり，それらの場所やそこに暮らす人々に直接働きかけ，子どもは，身近な人々，社会及び自然のよさやすばらしさ，自分との関わりに気付いていく。それは，身近な対象の様子や特徴を見付けたり発見したりして，その価値に気付くことである。よさやすばらしさに気付くことは，対象を肯定的に捉え，これからも関わっていきたいという願いを育てることでもある。また，自分との関わりに気付くとは，自分自身と対象との結び付きに意識を向け，自分と対象との関わりが具体的に見えてくることである。こうした気付きによって，子どもは，幸せや喜びを感じたり，それらを誇りに思ったり，心地よく生活しやすいと感じたりして，次なる行為につながっていくものと考えられる。特に，安全については，自分の身を守ることを最優先に考え，自然災害，交通災害，人的災害などに対する適切な行動や危険を回避する行動などができるようにすることにも配慮する必要がある。

　また，子どもの身の回りにあって，子ども自身と関係の深い人々や社会及び自然に親しく関わり，それらを直接的，間接的に感じ取る具体的な活動を行うことが大切である。子どもは，活動を繰り返す中で，存在や役割，変化や移り変わり，不思議さや面白さ，生命や成長のかけがえのなさ，関わり合いの楽しさなどを一人一人が実感的につかみ，自分のものにしていくことが

期待されている。さらに，子どもは，自分自身の心身の成長やそれを支える身近な人の存在を見つめることで，自分らしさなどの自分のよさや可能性に気付いていく。そのためにも，自分自身を見つめることで，学校，家庭及び地域における日々の生活の様子について考えたり，生活や出来事を振り返ったりすることが必要になる。そこでは，生活の様子やこれまでの成長を振り返りながら，体が大きくなってきたこと，自分でできるようになったこと，学校や家庭での生活における自分の役割など，自分の変化や成長について改めて確認していく。また，自分の成長や日々の生活には，自分のことを気にかけ，自分の安全や生活を守り支えてくれている人がいることについて新たに発見していく。こうして，自分の生活や成長，身近な人々の支えについて考えることが行われ，子どもは，自らの成長に対する期待，自ら進んで日々の生活を豊かにしていこうとする思いや願い，自分は更に成長することができると信じる気持ちをもち続けることになる。

　1989（平成元）年に，「具体的な活動や体験」をキーワードとして新設された生活科は，1998（平成10）年の改訂で，「気付き」と「表現」をキーワードとして学習の成立が図られ，2008（平成20）年の改訂において，新たに「思考」がキーワードに加えられ，今回，2017（平成29）年の改訂によって，資質・能力の育成に向けて，子どもの主体的・対話的で深い学びの実現を図ることが目指されている。具体的な活動や体験を通すことによって，身近な対象と自分との関わりに関心をもつこと，自分自身や自分の生活についての理解を深めること，生活上必要な習慣や技能を身に付けることを重視し，自立の基礎を養うという生活科の理念は，3回の改訂を経ても一貫している点である。

第3節——生活科の内容構成

　生活科の内容は，具体的な活動や体験を通して学ぶとともに，自分と対象との関わりを重視するという生活科の特質を基に，9項目の内容で構成されている。

　生活科では，子どもの外部にある存在としての他者や社会，自然の学習で

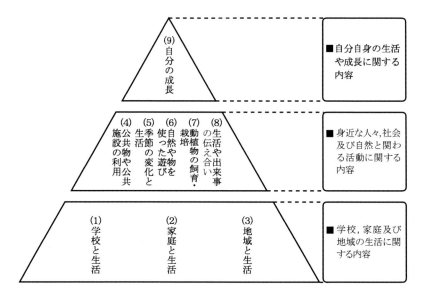

図1　生活科の内容構成

（資料：文部科学省『小学校学習指導要領解説　生活編』東洋館出版社，2018年。）

はなく，あくまでも「自分」との関係性をもってこそ存在する「人や社会，自然」との関わりが重視されている。子どもが個々にとらえる環境を，自分自身がすでにもっているスクリプトscript[1]を大事にしながら，それを再確認したり，修正したりしながら，再構築をしていく。その環境の中で欠かせない存在としての「自分自身」の土台を形成していけるように，生活科の内容は，構成されている。

　「具体的な視点」は，以下の11点である。

ア　健康で安全な生活	イ　身近な人々との接し方
ウ　地域への愛着	エ　公共の意識とマナー
オ　生産と消費	カ　情報と交流

キ　身近な自然との触れ合い	ク　時間と季節
ケ　遊びの工夫	コ　成長への喜び
サ　基本的な生活習慣や生活技能	

　生活科では，創設時から内容構成の具体的視点として，10 の視点が提示されてきたが，2008（平成 20）年の改訂で，「地域への愛着」という視点が加わる。この視点が加わったのは，「地域で働く人など地域で生活する様々な人や場所などに慣れ親しみ，それらに心がひかれ，離れがたく感じる気持ちを大切にすることができるようにする」ためとされている。

　さらに，内容構成の具体的な視点を視野に入れて，①学校の施設②学校で働く人③友達④通学路⑤家族⑥家庭⑦地域で生活したり働いたりしている人⑧公共物⑨公共施設⑩地域の行事・出来事⑪身近な自然⑫身近にある物⑬動物⑭植物⑮自分のことの 15 の学習対象が示されている。

　子どもに，よき生活者としての資質や能力及び態度を形成していくためには，実際に対象に触れ，活動することが欠かせない。その学習活動によって関わる対象や自分自身への気付きが生まれ，それらが相まって資質や能力及び態度を育成し，確かな行動へと結び付くことが期待されている。複数の内容を組み合わせて単元を構成する際には，これらの要素を意識することによって，内容の漏れや落ちが生じないように配慮することが求められる。

　以上のことから，生活科の内容は，先に記した内容構成の具体的な視点と学習対象を組み合わせ，そこに生まれる学習活動を核として内容を構成することになる。1989（平成元）年に創設された生活科は，旧来からの教科観を転換する教科として，小学校低学年に欠かせない地位を確立している。しかし，創設時でも現在でもその教科観や教科内容構成のあり方に疑問を投げ続けられているのも事実である。その理由は，旧来の教科観にとらわれた発想である場合が多いが，生活科が教科としての本質や内容構成の本質の理解が得られていない証であると言える。

　生活科の本質は，他教科とは異なり，社会諸科学や自然諸科学，その他の科学の成果や方法からではなく，子ども自身や子どもの成長，発達という視点から誕生した点にある。生活科の本質が具現化される単元開発と授業実践

の積み重ねがさらに必要である。

第4節——生活科の意義

1　自立し生活を豊かにしていく生活科

　生活科は，創設以来，「自立への基礎を養う」ことが目指され，今回の改訂でもこの理念は受け継がれている。

　小学校学習指導要領では，「自立」の意味として，①学習上の自立②生活上の自立③精神的な自立という三点が示されている[2]。

　第1は，自分にとって興味・関心があり，価値があると感じられる学習活動を自ら進んで行うことができるということであり，自分の思いや考えなどを適切な方法で表現できるという学習上の自立である。

　第2は，生活上必要な習慣や技能を身に付けて，身近な人々，社会及び自然と適切に関わることができるようになり，自らよりよい生活を創り出していくことができるという生活上の自立である。

　第3は，自分のよさや可能性に気付き，意欲や自信をもつことによって，現在及び将来における自分自身の在り方を求めていくことができるという精神的な自立である。

　生活を豊かにしていくとは，生活科の学びを実生活に生かし，よりよい生活を創造していくことである。それは，実生活において，まだできないことやしたことがないことに自ら取り組み，自分でできることが増えたり活動の範囲が広がったりして自分自身が成長することでもある。三つの意味での自立への基礎を養うことが，生活科の教科目標で意図されている。この三つの自立への基礎は，互いに支え合い補い合いながら，豊かな生活を生み出していくことに役立てられるものである。具体的には，

・学習や集団生活において自分の意見や考えを適切に表現できる。
・身近な人々や社会，自然に関心をもち，環境に積極的に働きかけることができるようになる。
・集団や社会の一員として集団生活ができるようになる。

第1章　生活科の存在意義

・自己肯定感をもち，自分の個性（よさや可能性）に気付くとともに，将来
への夢や希望をもつことができる。

つまり，「自分のことは自分でできるようになる」といった幅広い資質や
能力である。したがって，それらはすべて，その後の学校や社会における教
科の学習や生活の基盤となる基礎的なものである。中・高学年から始まる社
会科や理科，総合的な学習の時間の基礎となるだけでなく，学習の仕方や生
活の仕方の基礎を学ぶという点では，すべての学習や生活の土台づくりを担
う教科であるととらえることができる。

2　四つの出会いを大切にする生活科

生活科の学習は，子どもが，自分との関わりの中で，身近な人々，社会及
び自然に直接働きかけ，また働き返されるという双方向性のある活動や体験
を重視する。自分との関わりを大切にすることは，外部の環境からの刺激に
対してただ表面的に反応するのではなく，それが自分にとって価値あるもの
として実感し，それへ積極的に向かっていくことである。子どもを取り巻く
人々，社会及び自然が自分自身にとってもつ意味に気付き，身の回りにある
ものを見直し，問題意識をもって，新たな働きかけをしたり，表現したりす
ることである。

動植物に対して，ただ眺めて観察するだけではなく，手で触ったり，抱い
たり，水や肥料をやったりという活動を通して，子どもは，次第に心がひかれ，
親しみや知的好奇心・探究心を培い，驚いたり喜んだりする。活動や体験を
繰り返して，対象との関わりが深まることで，無自覚なものから自覚された
気付きへ，一つ一つの気付きから関連付けられた気付きへと質的に高まって
いくのである。さらに，植物を育てている自分自身の活動を振り返ることで
自分自身の成長にも気付いていく。

生活科では，四つの出会い（エンカウンター encounter）を大切にしたい。
エンカウンターは，カウンセリングの一形態である。生活科ではこのエンカ
ウンター的発想を援用する。それは，①社会②自然③他者（仲間）④自己で
ある（図2参照）[3]。豊かな「自然」に出会うのはもちろん，様々な活動や
体験をする中で，「他者（仲間）」と出会ったり，「自分自身」を見つめ直し

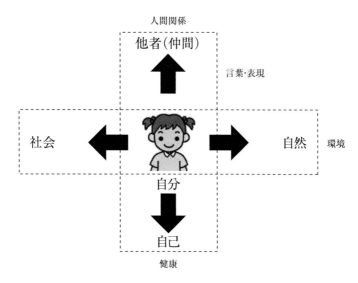

図２　生活科における四つの出会い

たりしていく。活動や体験を通して，今，生きている「社会」全体とも出会い直していく。そんな，「自然」，「他者」，「自己」，「社会」の四つの出会いを大切にしている。

　生活科は，社会と理科を廃止して，新しく設置された教科であるため，この両者を統合して授業が行われるものであるが，生活科は，全く別の教科である。つまり，生活科は，すべての教科の基礎的教科という特質も持ちながら，「自立への基礎」の育成を目指す教科という大きな目標を掲げ，「子どもが自分なりの考え方で学んでいく」教科であり，生活全体の核になる教科である。子どもが，自分との関わりにおいて，人々や社会，自然をとらえ，社会認識や自然認識の「芽」を育てるとともに，活動や体験を行う中で自己認識の基礎を養い，生活上必要な習慣や技能を身に付け，自立への基礎を養うのである。

　それでは，社会科や理科の学習と何が違うのだろうか。生活科は，これまで行われてきた社会科や理科が行ってきた知識偏重を批判する中で生まれてきた教科である。子どもは，個々の知識を別々に記憶して学習するのではな

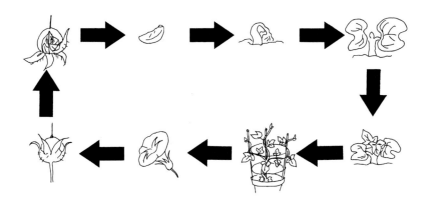

図3　アサガオの育ち方

く，記憶された知識は相互に関連したものとして，体験や経験によって結びつけられている。この結びつけられた知識が様々な状況で対応できるものとなってくる。そのためには，あくまでも子どもの発達上の特徴や社会の変化に対応できる能力の育成という観点から，生活体験が重要であり，子どもの具体的な活動や体験を通じて総合的に学んでいく教科である。社会科や理科が対象物への認識形成が重視されるのに対して，生活科は，知識だけでなく「自己の発達」が重視される。

　自分自身や自分の生活について考えるということは，子どもが，身近な人々や社会，自然と直接関わる中で，自分自身や自分の生活について新たな気付きをすることである。子どもが，自分自身についてのイメージを深め，自分のよさや可能性に気付き，心身ともに健康でたくましい自己を形成できるようにすることは，自立への基礎を養う上で大切である。つまり，生活科では，働きかける対象への気付きだけではなく，自分自身の気付きへと質的に高まることを大切にしている。

　例えば，アサガオを育てる活動を考えてみる（図3参照）。子どもは，アサガオの種をまいて，水やりや草抜きなどの世話を通して，アサガオと関わっていく。理科の学習では，アサガオがどのように芽を出し，双葉，本葉と次々と葉を広げ，つるがのびて花を咲かせるのかアサガオの育ち方やアサ

ガオの体のしくみを詳細に観察する。そして，アサガオの観察を通して，植物の育ち方やしくみを知ることが目的である。しかし，生活科では，「毎日アサガオのお世話をしたので，アサガオが大きくなりました。アサガオと一緒に私も大きくなっています」という子どもの気付きに見て取れる。これは，アサガオを対象物として育てて観察するだけでなく，アサガオが，自分と同じ生き物なんだという意識やアサガオと同じように自分の体の成長に気付いたり，毎日休まずにアサガオの世話を続けることができた自分自身の心の成長にも気付いたりできる。つまり，社会科や理科が対象物への認識形成が重視されるのに対して，生活科は，働きかける対象への気付きだけでなく，自己の発達に対するメタ認知や自己認識形成を重視する点が，生活科の本質である。

3 スクリプトを引き出す生活科

　生活科は，子どもの持っているものを引き出す視点が必要である。子どもの持っているものを引き出すというのは，旧来の他教科の視点とは根本的に違っている。他教科では，社会諸科学や自然諸科学，その他の科学の成果や方法から新たなものを教授するという教科観である。しかし，生活科は，子ども自身や子どもの成長，発達という視点からとらえなおし，子どもがその時点で有している知識や経験を再構成していく点が重視される。

生活科のコンセプトは，子どものスクリプト script を引き出すことである。

　スクリプトとは，元々，演劇や映画，放送の台本や脚本（シナリオ）のことを意味したり，コンピュータプログラム，つまり，コンピュータ相手の台本のことを意味したりしている。しかし，ここで言うスクリプトとは，子どもが，対象となるものに関連する一連の手続き的な知識のことを意味している。子どもがすでに持ち合わせてある手続き的な知識をスクリプトと呼んでいる。換言すれば，子どもが，「無意識にできること」である。つまり，すでに身に付けた知識を適用しているレベルにある知識で，子どもは，このスクリプトを増幅しながら成長している。それは，常識であったり，偏見，誤

第1章　生活科の存在意義

解であったりするが，どの子どもも意味を求め，経験を意味づけようする。それが，元来，学習というものである。このスクリプトを引き出し，再構成を繰り返す場となるのが生活科である。

4　ネットワークのハブ的役割を果たす生活科

　生活科は，後の授業や単元，別の教科，次の学年・学校段階の学習に継続・発展することを基本として，生活科の授業で学習したことを日常生活の中で関連づけ，授業で意図的・擬似的に行った活動や体験によって得た気付きや，対象との関わりによって深まった興味・関心を継続・発展することを保障しなければならない。このことは，生活科で，何をどのように学んでいくのかというスタンスを明確にしなければ，ただの体験的活動あるいは遊びになってしまい，子どもが楽しんだだけで終わる曖昧な教科になってしまう。

　生活科を意義ある教科にするためには，体験的活動で得られた気付きを相互に関連づけていくネットワーク化が求められる。つまり，生活科は，国語科や算数科，体育科，音楽科などの他教科に対してハブ的役割が求められている。

　生活科でアサガオを育てる活動をすれば，アサガオに対する気付きを観察記録にまとめる。言語活動は，国語科に依存する点が大きい。また，アサガオのつるが伸びていく様子を体で表現する活動を取り入れる。花が咲く時期になれば，咲いた花を数えて算数科の足し算の学習につなげる。また，咲いた花を正確に描写する図画工作にもつなげる。育てているアサガオがハブ的役割を果たして，学校生活全体へつながっていく（図4参照）。ネットワークづくりとは，子どもにとって新たな「創造」を生み出すことであり，そのキーワードが，「具体的な体験や表現をする場」であり，子どもの新たな知への創造である。それらを通して探究心を育み，深めていくことが大切である。ただの活動終始型では，何かを創造し，生み出すことはできない。

　生活科は，今までの授業が知識を蓄積していくことだけを目的とされ，存在していたことに対する疑問を投げかけている。知識や経験を生活の中で，どのように適用していくことができるのか，子どもが，知恵を働かせる場面を重視し，そのこと自体を意味づけ，新たな知の創造を目指すこと，そこに

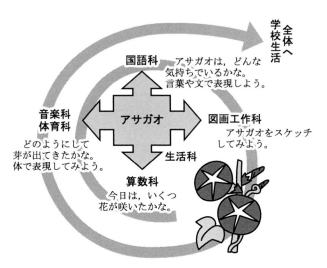

図4 ハブ的役割の生活科

生活科としての存在意義がある。

【註】
(1) スクリプト script とは，元々演劇や映画，放送の台本，脚本（シナリオ）のことを意味している。
(2) 文部科学省『小学校学習指導要領解説　生活編』東洋館出版社，2018年。
(3) 生活科の四つの出会いは，幼稚園教育要領で示されている五領域（健康・人間関係・環境・言葉・表現）に対応させている。

第2章 生活科カリキュラム・マネジメントのための理論

第1節 生活科の背景にある理論

1 「方法的能力」を育てる生活科

　生活科で育てる学力のベースにある能力は，方法的能力である[1]。方法的能力とは，子どもの生活を学習の対象にして，学習生活の基礎になる能力である。この方法的能力は，身近な自然的・社会的・文化的事象に働きかけ，自分との関わりを問う中で培われる「生活を科学する」ごく初歩的な力である。また，問題解決的な方法を構成するような諸能力であり，生きていくための基本的なライフ・スキル life skill とも言える[2]。

　方法的能力は，ある事物・事象を学習対象として対象化を行うために手段として用いる必要のあるスキル的なレベルのコミュニケーション能力と，ある意図した目的をもって，対象化を行うことそのものに必要とする探究的な活動に関わる探究的能力という二つの要素に分けられる。

①コミュニケーション能力

---

①見る（観察・見学）

　見る（観察・見学）能力とは，事物・現象を一定の観点に基づいて知覚する力。

②話す・聞く・読む（表現・対話）

　話す・聞く・読む（表現・対話）能力とは，共通の素材に関して個と集団が関わり合い，コミュニケーションの場を形成する力。

③書く・描く（記録・作図）

　書く・描く（記録・作図）能力とは，調べたことやわかったことなどをある一定の目的に基づいて文字や絵図で表現する力。

---

②探究的能力

①見通しをもつ・企てる（予想・計画）
　見通しをもつ・企てる（予想・計画）能力とは，疑問やズレ等の問題に対して解決の手順や方法を探ったり，活動の計画を立てたりする力である。
②使う（利用・実践）
　使う（利用・実践）能力とは，具体物の操作方法に習熟するとともに，それぞれの目的に応じて，それらを正しく意識的に操作できる力。
③作る（製作・工夫）
　作る（製作・工夫）能力とは，身近な材料を組み合わせたり応用したりして，機能的・構造的な具体物を創造する力。
④育てる（飼育・栽培）
　育てる（飼育・栽培）能力とは，動物や植物に愛情をもち，計画的・継続的に世話し続ける力。
⑤調べる・集める・探す（調査・収集）
　調べる・集める・探す（調査・収集）能力とは，一定の目的意識をもって，事物・現象に関する資料を取り寄せ，必要な情報を引き出す力である。
⑥確かめる・試す（実験・検証）
　確かめる・試す（実験・検証）能力とは，何らかの問題を解決する際に，ある程度の仮説や予想を一定の条件下において明らかにする力である。
⑦比べる・分ける（比較・分類）
　比べる・分ける（比較・分類）能力とは，観察結果や資料をもとに，共通点や相違点を見つけ出し，属性と特性を明らかにする力である。
⑧まとめる（整理・統合）
　まとめる（整理・統合）能力とは，個々の観察結果や資料を総合的にとらえ，全体の中に位置づけたり体系づけたりする力である。

　この方法的能力の 11 項目は，生活を科学するという初歩的な能力であり，2 年間の生活科授業を通して，総合的に育成することを目指している。

2 「自己意識」を育てる生活科
（1）有能感（コンピテンス）の獲得

　生活科では，自己意識を育てることを重視する。自己意識を育てるためには，まず，自分の家庭での生活を思い出したり，クラスの中での自分のことを考えたりしながら自分を確かめることである。乳幼児期では，家族集団における親子や兄弟関係が中心である。児童期になると，友だち関係が拡がり，友だちの重要性が増していく。そこで，形成される友だち関係は，家族集団で体験した人間関係が内的ワーキングモデルとして作用する[3]。同年齢の友だち関係を中心にして，相互依存的なあり方を学んだり，問題を解決するための技能を身に付けたりして，自分とは違った感じ方・考え方があることを知る。これは，環境と効果的ないし，有能に相互作用する能力で，自己を肯定的にとらえ，有能感（コンピテンス）competence の獲得につながる[4]。

　小学校1・2年生の段階の児童の特徴は，学習面よりも運動面でのコンピテンスが高い。そのために，コンピテンスを高めるためには，学校生活の中のあらゆる場面で，運動面を加味した思考をともなうゲームを取り入れていくことが最適である。

体と頭を使い，子どもに人気のあるゲームや遊びの例
・フルーツバスケット　・古今東西ゲーム　・伝言ゲーム　・長縄遊び

フルーツバスケットとは，
　①いすを内側に向けて，円のように配置して座る。いすの数は，参加者の総数よりも一つ少なくする。鬼は，その円の真ん中に立つ。
　②座っている参加者に，数種類の果物の名前をつけておく。
　　（りんご，みかん，ぶどう，パイナップルなどにチームわけをする。）
　③鬼が一つの果物の名前を呼ぶと，その果物のチームの人と鬼は，立ち上

がって，他のいすに座る。
④鬼が，「フルーツバスケット」と言うと，全員が立ち上がって，他のいすに座り替えなくてはならない。
⑤鬼が，立ち上がった人のいすに座ると，いすの数の関係で，他の子がいすに座れなくなるので，自動的に鬼が交代をしていく。

このゲームは，呼ぶ名前を動物や植物，食べ物などに変えることで分類を学ぶことができる。さらに，名前を呼ばれると瞬時で自分の所属を認知し，動かなければならない。また，あらかじめ名前を決めず，「めがねをかけている人」，「名前に『さ』が入っている人」などと，人の特徴（なんでもバスケット）にすることもできる。子どもに人気の定番のゲームである。

古今東西ゲームとは，「お題」として一つのテーマを決めて，そのお題に沿った解答を参加者が順番に解答していくゲームである。「お題」は誰にでもいくつか答えが思いつくものを選択することがポイントである。正誤の判定が容易にできるもの（果物の名前や動物の名前など）で，一度出た答えは再び答えとして使うことは出来ない。

伝言ゲームとは，通常，グループの一人だけに，一定の言葉を伝えて，その言葉を次の人に伝えていき，全員が次の人に情報を伝えた所で，最後の者が伝えられた言葉を発表するという遊びである。しかし，これは，一度伝えると自分の役割は終わってしまう。子どもが喜ぶのは，常に自分のところに役割がまわってくる伝言ゲームである。たとえば，国語や算数，理科，音楽，給食，弁当，掃除など学校に関係する項目を決めておき，手拍子（パンパンと二度たたく）を入れながら，伝言していくゲームがお薦めである。パンパン，国語，算数，パンパン，算数，音楽，パンパン，音楽，弁当，パンパン

というようにつなげていく。リズムから外れたり，自分の番なのに言えなかったりするとアウトになるゲームである。この伝言ゲームは，学年が上がると階級を取り入れるとさらに，子どもはヒートアップする。階級に取り入れるのは，会社の役職がよい。

会社の役職例
　会長・社長・専務・常務・部長・課長・係長・主任・平社員　など

　長縄遊びは，縄を回した状態で，一人ずつ順番に入っていったり，複数の人数で同時に跳んだりする方法がある。長縄遊びは，縄が回っている状態を認知して，自分の体を適応させなければならない。
　これらのゲームは，ただ遊ぶだけでなく，子どもが臨機応変に対応することが要求されるゲームや遊びである。そして，自然に比較・分類を学んだり，空間認識能力も鍛えたりすることができる。教師もいっしょに遊びながら，何度も繰り返すことで，ゲームを通して，「こんなことできるようになったよ」という子どもの内面的な自立の基礎を育むことが可能である。

（2）アニミズムからの脱却

　アニミズム animism とは，自然界の諸事物に霊魂・精霊などの存在を認め，このような霊的存在に対する信仰であるが，幼児の自己中心性から生じるとされる思考の一つである。4歳から11歳の子どもでは，無生物にも人間と同じように生命や意志・感情があると考えられていて，自分が経験する痛みや空腹などを石や木も同じように経験するものと思い込んでいる。ピアジェ Jean Piaget によれば，表1に示すように，四つの段階を経て，脱していくとされている[5]。
　こうしたアニミズムは，自分と自分以外の人や物について十分に分化していないために生じるものである。しがって，日々の生活において自分の目でじっくりと観察し，それらのものの性質を学んでいくという観察学習を基本にして，動植物を慈しみ，広く自然を大事にしながら，友だちの気持ちを理解し思いやることを学ぶ機会にしていかなければならない。

また，生活科は，幼稚園との接続を図る上で重要な役割がある。幼稚園教育要領の五領域を意識して，子どもの発達段階に即した指導を心がけることが，小1プロブレム[6]に対応することにもつながる。

表1　アニミズムの段階（Jean Piaget 1960）

段　階	年　　齢	特　　　　　徴	
第1段階	4～6歳	すべてのものに意識がある。	
第2段階	6～8歳	動くものはすべて意識がある。	低学年の子ども
第3段階	8～11歳	自力で動くものにだけ意識がある。	の水準
第4段階	11歳以後	動物だけに意識がある。	

幼稚園教育要領　五領域
①健康 ‥‥‥‥ 健康で安全な生活をつくり出す力
②人間関係 ‥‥ 人と関わる力
③環境 ‥‥‥‥ 生活に取り入れていこうとする力（好奇心や探究心）
④言葉 ‥‥‥‥ 感覚，言葉で表現する力
⑤表現 ‥‥‥‥ 豊かな感性や表現する力（創造性）

（3）内面的な自立の基礎を育む

　生活科では，学習上の自立，生活上の自立，精神的な自立という三つの自立の基礎を育むとされている。こうした自立を育てる経路には，①統制と同調による自立②自由による自立の二つがある。

　例えば，木になっているりんごをどのように取るか。二つの経路で考えてみる。統制と同調による自立は，安全な道である。大人の様々な配慮のもと，統制による仲間への同調に基づいて自立をさせていく。大人は，はしごを準備したり，大人が肩車をしたりして，子どもの行為を助けてあげる。あるいは，メンバーで協力をして取らせるといった方策をとる。同調というのは，社会生活において，他のメンバーと同じ行動様式をとることで，集団は，メンバー

に対して，一つの規範に従うことが期待されている。この統制と同調による自立は，外面的な自立である。結果として，自分でできるけれど，他者の助けがあってできたという満足感に過ぎない。

もう一方の自由による自立は，リスクを伴う道である。子どもに最大限の自由を認め，試行錯誤によって，失敗と成功を繰り返しながら，体験を通して自立を獲得させていく方法である。子どもは，自分で木に登って取るのか，自分ではしごを持ち出してきて取るのか。自分だけで行えば当然，リスクを伴う。ケガをするかも知れない。でも，自分でりんごを取ってこそ，達成感も生まれる。真の精神的な自立に導く経路は，この自由による自立である。生活科で

は，あくまで自由による自立を目指しており，子どもの内面的な自立の基礎を育むことが大切である。ただすべての活動が自由にできるわけではない。安全に考慮しながら，統制をかけなれば，子どもの安全が保たれない場合には，最善の注意が必要である。でも，最大限の自由を保障してあげることが精神的な自立を育むには，必要なことである。そして，「自分でできること」を拡大させていくことで，自信や自己肯定感をもてるようになる。

(4) 知的好奇心を育てる

子どもは，何でも知りたがりである。この何でも知りたい気持ちをうまく育てることは，生活科の大切な役目である。

一般的に，自分の能力や知識とかけ離れた対象や領域に対しては関心をもつことは少ない。反対に，知りすぎていることに対しても興味をもたない。つまり，知ってはいるけれど，まだわからないことが残っているものに対して興味をひきつけやすい。この半分未知なものについての情報を求めることが好奇心であり，内発的動機づけの本質にあるものである。好奇心には，拡散的好奇心と特殊的好奇心がある。拡散的好奇心は，幅広い方面の情報を求

めようとするものであり，特殊的好奇心は，ある特定の対象に対して自分の知識が不十分だと知り，未知の情報を収集しようとするものである。

　人間にある行動を起こさせ，ある方向に，その行動を持続させ，終結させるメカニズムは，動機づけ motivation と呼ばれている。

　動機づけとは，行動の理由において不快を避け，快感を得ようとする状態・行為のことで，次のようなことが知られている[7]。

・人間を含めた動物の行動の原因。

・行動の方向性を定める要因と行動の程度を定める要因で分類。

・動物が行動を起こしている場合，その動物には何らかの動機づけが作用している。

・動物の行動の程度が高いかどうかで，その動機づけの強さの違いがわかる。

　また，動機づけには，外発的動機づけと内発的動機づけがある。例えば，外発的動機づけとは，大学で単位を取るために，学生は，まじめに講義に出席する。学習活動の外部から何らかの報酬，この場合は，単位取得ということが持ち込まれる。そのため単位取得する目的が達成されれば，ほとんどの学生は，その学習内容について，継続的に学んでいこうとは思わない。それに対して，内発的動機づけは，単位取得という目的も明確にはあるけれど，学ぶ学問自体に興味があって，学ぶことが好きだから講義に出席する。学習の目的が学習することそのものにあるので，学びは継続していく。この学習内容の「良さ」・「おもしろさ」を認知することが，知的好奇心である。

　知的好奇心を喚起するには，五つの方法が有効である。

---

①見慣れない新奇なものを選び，驚きをもとに知ろうとする意欲をもたせる。

②直接積極的に働きかけることのできるものを選び，自我関与を深める。

③日常生活の経験や知識から関連する教材を選び，理解しやすいようにする。

④子どものもっている知識や先行経験を利用して，新しく学ばせるものとのズレに気づかせ，矛盾を解決しようとさせる。

⑤メタ認知[8]を促進させる。

生活科では，観察した成長記録や絵日記，動画，写真をポートフォリオにして蓄積しておくことが必要である。ポートフォリオにすることで，学習したことによって，何らかの進歩があり，状況が良くなっていることを認識することができる。

（5）自己認識を深める
　自己認識の内容は，生涯にわたって変容し形成されていく。幼児期では，様々な物をもっている自分，つまり，所有主としての自己を強く意識するようになり，そのような形での自己主張が行われる。それと同時に，このような時には我慢し，幼稚園・保育園といった場所ではこのように行動しないといけないという理解に基づいて自分をコントロールする対象として意識が芽生える。さらに，児童期になると，対人的な接触も広がり，自他の分化も進んでくる。自分は，やさしい子どもであるとか，明るい子どもであるといった意識が少しずつ発達してくる。これは，何らかの特性をもつものとして自分を意識するようになったことを意味しており，これが自己の存在である。自己意識に基づいて，自己を仲間の中で位置づけ，相手によって自分を意識的に偽って行動したり（自己呈示），逆にありのままの自分の姿を示すこと（自

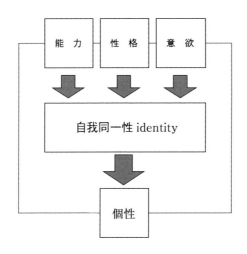

図5　自我同一性と個性の位置づけ

己開示）で，親しい友だち関係が結ばれるようになってくる。

　生活科では，自分をしっかりと見つめ，自分の心身両面の成長を支えてくれた家族，親戚，幼稚園・保育所の先生，近所の人々に対して，感謝する気持ちを抱き，自分の成長に関わってくれた人々に今の自分を見てもらう機会を設定するなどして，自己認識を深めることが求められている。個性を形づくる要素は，図5に示すように，能力・性格・意欲の三要素である。この三要素が絡み合って，自分が他人とは異なった存在であると意識することができる[9]。これが私だという自我同一性 identity の芽生えを，生活科では大切にしたい。

3　「社会性」を育てる生活科

（1）社会的ネットワークの中で役割を学ぶ

　人間関係の基礎となるのは，社会性の発達である。それは，自分と他の子どもを比較するという社会的比較から始まる。

　子どもは，生後すぐに親や家族と出会い，家庭の中で親子関係，兄弟関係，祖父母−孫関係など，様々な関係を形成していく。入園・入学期を迎えると，家族という範囲を超えて，同年齢の友人との関係を形成するようになる。親子関係が縦の関係だとすれば，異年齢の兄弟関係は，斜めの関係であり，同年齢の友人集団は横の関係になる。そのような様々な人間関係を経験する中で，子どもは，人とのつきあい方や人と関わる中で生ずる問題を解決するためのスキルを身に付けていく。このような社会的な人間関係網が社会的ネットワークである。人間は，生まれながらにしてこのような社会的ネットワークの中に置かれる。子どもの社会化とは，社会的ネットワークにおける様々な結びつきの一員になることやそこでの役割を学ぶ過程である。一人の人間は，社会的ネットワークにおいて様々な役割を果たしている。学校では，学級を構成する一員であり，掃除当番グループの一員であったり，給食当番の一員であったりする。それぞれに応じて役割を果たすことが必要になってくる。また，人々や社会の仕組みについての認識が必要である。子どもは，日常の生活経験から，家族，友だち，隣人といった身近な人々についての認識を獲得していく。このような身近な人々についての社会的認識は，やがて地

域や社会の仕組みといったより広い枠組みでの社会的認識へ連続していく。日常生活体験からつくられた社会の仕組みについての素朴な理解の枠組みと関連づけて，展開していく必要がある。

（2）共感と思いやりを育てる

　動物を飼育することは，動物の生態を理解して，その生活を大切にすることである。自己中心的な共感 sympathy に位置する子どもは，動物と肌で触れあう機会や子どもと動物が一体となる体験を多くする必要がある。そのような具体的な体験によって，動物の温もりや鼓動を肌で感じ取り，動物も自分と同じように生きていることが実感できる。この他者の感情を認知する際に，その他者と共有される感情反応が共感である。この共感は，図6のような発達水準がある。また，共感は，相手の要求を感じることで，思いやりの感情的な基盤となる。

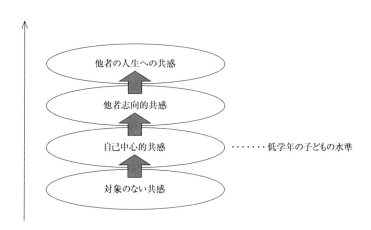

図6　共感の発達水準（Hoffman, M, L. 1981）

（3）協同と思いやりを育てる

　集団の成員が同じ目標の達成に向かって協力しあう集団過程が協同 cooperative である。協同は，活動の成果を高めるだけでなく，対人関係を友好的なものにして，民主的な価値意識の発達を促す働きをもっている。

　協同の過程では，互いが自分と相手の要求を調整することが必要になる。また，活動が成就したとき，子どもは，最初は互いの感情として達成感と満足感を表出し，次に互いの感情に対する共感としてそれらの感情を体験することになる。これが共感体験である。この共感体験によって，子ども同士の関係が強まり，互いを価値ある存在として認識することができる。この過程は，協同活動に要する互いの努力が多ければ多いほど強くなる（図7参照）。

　生活科において，子どもが，自由に自分なりの発想から活動している場合は，教師は，友だちと協同してその活動を発展させるように促すことが大切である。遊びや製作活動の中に，協同を積極的に導入することで，言葉，考え方，行動の仕方など，様々な点で自分とは異なる子どもを人間として尊重

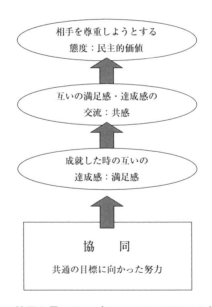

図7　協同と思いやり（Staub. E. 1989 から作成）

第2章　生活科カリキュラム・マネジメントのための理論

する態度形成につながる。

　協同に対立する概念は「競争」competition である。複数の個人や集団の間で，ある者が目標達成に近づけば，それによって他の者が目標達成から遠ざかるような関係に陥る。集団内で競争が発生すれば，その集団は活気付き，いい方向に向かう場合が多いが，競争が過度になれば，メンバー間の不信や敵対心を生むことになる。

　また，競争は，結果志向に陥る。活動の中に，仲間との「競争」が強調されると，自分や相手の努力を重視せず互いに「能力」を評価することに関心が向けられる。他者の努力は，即自分の失敗であると受け取るので，自分が仲間と成長しているという実感がもてなくなる。また，失敗すると無力感に陥る。生活科の活動においては，競争よりも協同が重視されることで，友好的な集団過程が展開される。

（4）視点取得能力 Perspective-taking Ability を育てる

　視点取得 perspective-taking とは，他者の立場に置かれた自分を想像することで，他者の心情を推しはかることである。これは，円滑な対人交渉と共感の前提条件となり，その能力の発達は，道徳性の発達の必要条件である。

　視点取得をするには，次のような自問をすることが必要である。

「もしわたしが〜だったら，どのような気持ちになるだろうか。」
「〜はわたしの行動をどのようにみるだろうか。」

　自問自答をすることで，自分の行動を調整する働きがある。自分の見方とは異なる様々な見方にふれること（視点取得の機会）を通して発達する。子どもの視点取得能力の発達は，図8のような段階を経て成長すると言われている。

　人の行動とその結果を観察することによって，観察者の学習が成立することはモデリング modeling と呼ばれている。自分の行為が他人に与える結果の予期や，行為の具体的な実行方法の計画などは，重要な情報源となる。生活科では，子どもの注意を他の成員の行動に着目させて，行動の意義を説明

35

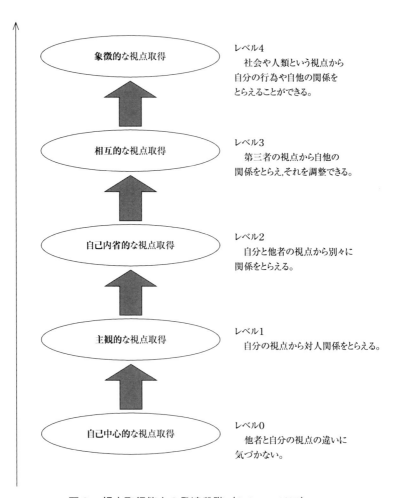

図8　視点取得能力の発達段階（Selman 1976）

する際に，まずは同じ行動をさせてみることが大切である。

(5) メタ認知能力を育てる

　メタ認知とは認知を認知すること，人間が自分自身を認識する場合において，自分の思考や行動そのものを対象として客観的に把握し認識すること，

第2章　生活科カリキュラム・マネジメントのための理論

それを行う能力がメタ認知能力 Metacognitive Ability である[10]。人間は，自分で自分のことを知り，それをコントロールする。それが，メタ認知能力である。メタ meta とは，「何かを越えて」とか「何かと付随して」，「何かのあとに」を意味する接頭語である。メタ認知能力とは，「認知についての認知力」である。自分の中に，もう一人の自分がいて，自分のことを監視し，コントロールしているのがメタ認知能力である。

　このメタ認知能力が高いかどうかは，次のようなチェック項目について，学習の中で，随時点検する習慣を継続していくことが必要である。

メタ認知能力のチェック項目
①有効なやり方について，十分考えてから課題に取り組んでいるか。
②今行っている方法は，問題解決に最も効果的であるか。
③問題の中の重要な部分に意識的に注意を向けているか。
④自分がどの程度よく理解できているかを判断しているか。
⑤問題が解けたとき，自分がどういう方法を用いたかわかっているか。
⑥問題に取り組んでいる時に，進捗状況を定期的にチェックしているか。
⑦学習をする時は，その目的に合わせてやり方を変えているか。
⑧考えが混乱した時には，立ち止まり，もとに戻って考えているか。

　生活科の学習過程は，ただ子どもの思いにまかせて体験・活動をさせて終わるのではなく，活動の目的・目標を明確にした上で，「自分はこんなことをこんなプランでやってみたい」という子どもの思いを大切にしてトライすることが必要である。そのためには，子どもが，「やってみたい」→「できる」→「やりとげる」というプロセスを繰り返し経験することが必要である。その際，自分が「できる」という成功感を実感することで，次の活動への大きなモチベーションになる。

　また，自分が，「ある事柄についてわかっていることがわかる」とか，「わからないことがわかる」というメタ認知がもてるようになると，自分の有能さを自覚することによって，さらに，意欲的に行動できる。この自己の有能さについてのメタ認知能力が，次の活動へもっと意欲的に関わりたいという

37

モチベーションとなる。

　例えば，生き物の学習では，観察した成長記録として絵日記や写真に残しておく。その際，その時々の世話の様子や天候，気温といったことについてもできるだけメモをしておく。そうすれば変化した様子だけでなく，なぜその時点で，そのように変化したのかについて再考する機会がもてることになり，メタ認知能力が高まるポイントでもある。

4　「空間認識能力」を育てる生活科
（1）三次元のものを創り上げる

　空間認識能力 Spatial Perception とは，物体の位置・方向・姿勢・大きさ・形状・間隔など，物体が，三次元空間に占めている状態や関係をすばやく正確に把握，認識する能力のことである。つまり，空間認識能力とは，三次元のものを創り上げていく能力のことである。

　子どもの描く絵や図は，子どもが見ているものというよりも，子どもが知っていることや感じていることを表すことが多い。子どもは，三次元の空間について知っていることを，二次元の平面で表すことはかなり難しい。三次元のものを平面に描くためには，大人は，遠近法を用いることができるが，これは子どもには簡単にできない。しかし，子どもは，自分でいろいろな描き方を工夫して描き上げる。自発的に工夫する力をつけることは，生活科において大きな意味がある。

　図9は，1年生が描いた通学路である。どんなことが読み取れるだろうか。「家から学校までどのように行くか」を描いたものであるが，移動の目印（ランドマーク）はほとんどなく，道路が交差しているかどうかも不明で，方向も定かではない。自分ではよくわかっている通学路であるが，他者にもわかるかどう

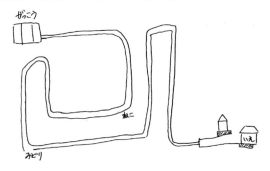

図9　1年生が描いた通学路

第2章 生活科カリキュラム・マネジメントのための理論

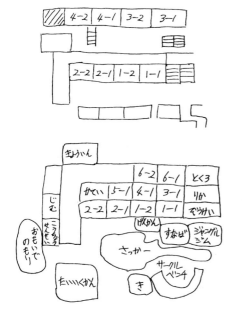

・下から上へと1階ずつ描いて3階建てを表現している。

・各階は上からの視点で描いている。

・校庭を真上から見てそこに何があるかを文字で示している。

・サークルベンチと体育館，教員室，校長室は，上からの視点で描かれている。

・校舎は，1年生の教室の上に4年生や6年生の教室が重なり，横からの視点で描かれている。

図10　1年生が描いた校内図

かは配慮されていない。

　図10は，1年生が描いた校内図であるが，どちらの図も視点を使い分けることで，三次元を表現しようとしている。

　子どもは，三次元のものを平面に表すのは簡単にできない。大人は遠近法 perspective を用いて描けるのに対し，子どもは，横からの視点と上からの視点を同じ平面に描いて表現しようとする。これは，キュビズム（同存化）Cubism と言われる手法である。キュビズムの代表的な画家がパブロ・ピカソ Pablo Picasso である。キュビズムとは，平面上に立体を強調する表現方法である。一つの視点に基づいて描かれる一点透視図法 perspective

39

drawings ではなく，いろいろな角度から見た物の形を一つの画面に収める表現方法である。通学路を描く場合，本当の地図のように正確である必要はない。でも最低限必要な情報がある。距離，方向，移動のための目印（ランドマーク）である。これがなければ，地図として機能しなくなる。図9にあるように，他者のことを意識せずに，描いてしまうのは，子どもの自己中心性の発達段階の特性である。

　ピアジェ Jean Piaget は，生活科を学ぶ段階である低学年の子どもの段階を前操作期（2～7歳）と位置づけている。この段階には，ごっこ遊びのような記号的機能が生じるとされ，他者の視点に立って理解することができない自己中心性の特徴である。幼稚園や小学校などの運動会で行われている「玉入れ」競争や学校で子どもが熱中する「ドッジボール」などがあるが，単に玉入れの球を投げたり，ドッジボールのボールを投げたり，ボールから逃げたりして楽しむためだけはなく，空間認識能力を高める意味が含まれている[11]。

（2）認知地図の要素
　認知地図 cognitive map とは，人それぞれが自分の頭の中につくりあげている地図である。都市工学者ケヴィン・リンチ Kevin Lynch は，都市の構成要素として次の五つの要素をあげている[12]。

---

①パス（道路）……………………人が通ることのできる道筋のこと。
　　pass　　　　　　　　　道路，橋，鉄道，航路など
②エッジ（縁）……………………人がその線を越えて移動しないもの。
　　edge　　　　　　　　　海岸線，湖岸，崖，壁など
③ノード（接合点）……………パスが交差する場所を指すもの。
　　node　　　　　　　　　道路の交差点，駅，空港，広場など
④ディストリクト（地域）………何か共通の特徴がある比較的大きな領域。
　　district　　　　　　　市の中心部，中華街など
⑤ランドマーク（目印）…………認知地図の中で目印になるもの。
　　landmark　　　　　　目立つ建物，塔，看板，公園など

（Kevin Lynch 1960）

第2章　生活科カリキュラム・マネジメントのための理論

　パスとは，人間が通ることのできる道筋のことである。通常，道路，鉄道，航路，航空路，橋，廊下などがそれである，人々は，このパスに沿って移動し，種々の対象物や場所をそこに位置づける。個別場所が先に存在し，それらを結ぶのがパスなのか。パスが先に存在し，そこに個別場所が配置されるのか。それらは同時にできあがるのか。種々の場合が考えられるが，実際に何が生じているかは，完全には解明されていない。エッジとは，考察中の認知地図において，人がその線を越えて移動しないものをいう。例えば，海岸線，崖，壁，川岸，湖岸などがそれに当たる。崖からハンググライダーで飛ぶ人の認知地図では，「崖」はノードとなる。ノードとは，人間が入り込むことのできるパスにつながっている空間の主要な場所をいう。交差点，駅，空港，広場などがそれである。ディストリクトとは，何か独特の特徴がその中に共通してみられる比較的大きな領域をいう。市の中心部，繁華街，中華街，瀬戸内海，紀伊半島などがそれである。ランドマークとは，認知地図において，そこに入らない対象物あるいは場所で，移動の目印になるようなものをいう。看板，建物，公園，駅などがそれに当たる。ランドマークは，山や塔のように必ずしも「パス」に接している必要はない。

　生活科においては，1・2年生という発達段階を考慮した場合，空間概念の発達において，ユークリッド的関係（距離，大きさ，角度，平行などの概念の獲得）を理解するのは，なかなか困難である。目印となるランドマークを適切に位置づけていくことが重要である。生活科においては，パス，エッジ，ディストリクト，ノードをすべて子どもにとっては，ランドマーク（目印）として考えていくことが適切である。

　また，空間認識能力を育てる際に，留意したいのが，子どもの素朴な思いである。例えば，次のような質問の場合を考えてみる。

> ある店に買い物に行くのに，あなたは，どんなルートを選びますか。

　○距離の短さ。
　○わかりやすさ。
　　・曲がるところに目印（ランドマーク）がある。

41

・ルートの途中に目印がたくさんある。

　　・曲がり角が少ない。

　○安全に行ける。

　　・大きな道路を横断しなくてもよい。

　　・交差点に信号機がある。

　　・歩道橋がある。

などの理由があげられる。でも，子どもの中には，わざわざ遠回りをして行くというルートを選択する子どもがいる。理由を尋ねると，

　・買い物の行き帰りが楽しいので，ゆっくりと時間を使いたい。

　・途中にかわいい犬がいる家があるので，回り道をして会いに行きたい。

　空間認識能力が発達している大人は，買い物へ行くには最短距離のルートを選ぶ。でも，生活科授業においては，緊急性や多様性だけではなく，抽象的価値判断基準による子どもの素朴な考え方を認めてあげることが大切である。

（3）状況対応力を育てる

　生活科では，ものの見方のレベルの向上と，ものの「考え方」について深めることが大切である。その考え方を支えるものは，意思決定の基盤となる状況対応力 adjustment の育成である。子どもは，日常生活の中で，様々な状況に遭遇し，その時々に判断行為を行いながら生活をしている。その内容は，自己の欲求を満たすための本能的なレベルから，世の中の一定の価値基準から認められている理性的・道徳的なものまで，多岐に及んでいる。これらの判断は，子どもの置かれている状況や個人差にもより，往々にして都合がいいか悪いかが，基準になって判断されがちである。しかし，最終的には，自分の判断で，自分で知恵を働かせて行動することが大切である。知恵を働かせるには，様々な状況に対応していく能力が必要である。状況対応力は，ストレス対処や自己コントロールが求められている。子どもが，予想もしていないような困難な状況に遭遇しても，対処できるように，自分自身が負けない力とでも言える。また，自己コントロールができるというのは，常にうまくいくとは考えられない状況の中で，自分の要求ばかり相手に押しつけな

いで，我慢できる力とでも言える。

空間認識能力を育てることは，状況対応力を育てることでもあり，そのことは，環境適応能力（コンピテンシー）competency を育てることにつながる。

5 「自己表現力」を育てる生活科

（1）セルフ・モニタリング能力を育てる

子どもは，独特なものの見方で考える。それは，とてもすばらしいことで，授業では，発想力を鍛える支援が必要である。つまり，その独特な見方をどのように表現すればいいのかを教えなければならない。自分で考えたことを表現するには，表現の方法を学ぶことが必要である。自己表現の方法を学ぶということは，子どもの個性を伸ばすことにつながる。

自分の表情やしぐさはもとより，対人行動における自分の言葉ややりとりの特徴，そして自分の立場に至るまで，自分の表現上の特徴を自分で意識し，コントロールできることが必要である。これは，セルフ・モニタリング能力（＝自己監視能力）Self Monitoring と言われている。この能力は，意識的な「自己表現」の基礎をなす能力である。

社会に生きる人間は，それが意識的であれ無意識的であれ，絶えず自己を表出・表現していると同時に他者によって読み取られ，意味を与えられている存在である。意識的意図的な自分の意味だけでなく，他者の読み取る意味にも敏感でなければならない。他者の読み取る意味に合わせて，自分の表現の仕方を制御していくのが表現の発達である。

低学年の児童は，「自己中心的視点」の段階から「自己内省的視点」の段階へ変容していく。他者が自分をどう見ているのか，どうしてそのような見方をするのかといったことを理解・評価することに興味・関心が向く時期である。他者の言葉や表情，態度，身振りなど非言語的行為にも注目していく。この時期の自己表現能力は，自分と他者とのやりとりの中で見出される。それは，コミュニケーション能力の一部をなすものである。

自己表現能力は，基本的能力と対人的スキル・ルールを背景にして発達する。これは，自己表現の方程式と呼ばれるものである。

> 自己表現の方程式
> ［基本的能力］ ＋ ［対人的スキルとルール］ ＝ ［自己表現・自己提示］
> 基本的能力
> ① 「状況」の理解：いつ，どこで，誰に　など
> ② 「視点取得」perspective-taking 能力：情緒，社会的認知　など
> ③ 「他者」の特徴の理解：ことば，非言語情報，行動特性
> ④ 「自己モニタリング」能力：ことば遣い，非言語情報
> 対人的スキルとルール
> ① 「報酬性」：利益を分与する，称賛する　など
> ② 「対人操作」：自分の印象の操作，関係を維持する　など
> ③ 「自己開示」：自分をさらけ出す，訴える　など
> ④ 「話の理解」：相手の話を聞く，その意図を理解する　など

（2）感性からの自己表現

　子どもの「感性」は豊かである。それは，大人のように「知的認知」にとらわれないからである。しかし，それはあまりにも「感覚的」であり，同時に，「擬人化」（人間でないものを人間にたとえること）Personification や「相貌視」（外見で判断する）physiognomic perception といった傾向や共感覚性（シナスタジア）synesthesia が強い傾向にある。共感覚とは，音を聞くと色が見えるというように，一つの刺激がそれによって本来起こる感覚だけでなく，他の領域の感覚をも引き起こすことである。そうした特性を有する子どもにとって，自然の姿は，感覚的に実に変化の富んだものと目に映っている。また，子どもは，大人ほど視覚には偏らず，音やリズム，動き，手触りなど，多様な表現性を受け入れている。大人の知的認知は，自然をモノとして再認の対象をなし，自然の生き生きとした生命の息吹を停止させてしまう。しかし，子どもは，表現性に富んだ自然の姿を身体の動きとリズムや自分の声によって，感応している。手触りは，対象の触覚的特徴と同時にその実体感を与えてくれる。子どもの感性を鍛えるには，自然を感受する子どもの身体にあるセンサーを豊かにして，身体全体で自然を受け入れることを大切にしな

ければならない。子どもの感覚，知覚は，視覚，聴覚といった感覚様相をこえたところに特徴がある。

　生活科の具体的な場面では，次のような活動例がある。

単元「秋の公園を探検しよう」の活動例
・秋の公園に出かける。

・樹木に囲まれた芝生にみんなで腰を下ろす。

・目を閉じて，自然の「音」に耳を傾ける。

・そこで聴いた「音」をできるだけ忠実に「ことば」で言ってみる。(模倣)

・そこで聴いた「音」を模倣する。

・それらの音を録音する。

・そうした音がどのようにして生まれたのかを観察して記録する。

・学校にもどり，「どんな音が聴こえたか。どこから生まれていたのか」を発表する。

　この活動では，集めた音を「声」と「身体」で演示・発表するとともに，国語科でのオノマトペ（擬音語・擬態語）onomatopoeia の指導にもつなげるようにする。

（3）コミュニケーション能力を育てる

　人間関係において相互理解を促進する行為が，コミュニケーションである。

> ①自分の気持ちは，表現しなければ相手にはわからない。
> ②自分が言いたいことは，相手に伝わるように表現する必要がある。
> ③相手が自分の表現をどのように受け取るか，感じるかは相手次第である。

コミュニケーション能力communicative competenceは，次の四要素である[13]。

> 1　文法的能力　Grammatical competence
> ・文法的に正しい文を用いる能力。
> 2　談話的能力　Discourse competence
> ・単なる文の羅列ではなく意味のある談話や文脈を理解し作り出す能力。
> 3　社会的言語能力　Sociolinguistic competence
> ・社会的な文脈を判断して，状況に応じて適切な表現を行う能力。
> 4　方略的言語能力　Strategic competence
> ・コミュニケーションの目的達成のための対処能力。
>
> Canale, M. and M. Swain（1980）

　コミュニケーション能力は，生活科において，ある事物・事象を学習対象として対象化を行うために手段として用いる必要のあるスキル的なレベルの方法的能力と位置づけている。

第2節──比較・分類思考による生活科授業デザイン

1　子どもの気付きで構成される生活科授業

　生活科は，子どもの活動が中心になるので，子どもが活動に没頭できるエンカウンターで構成された学習材と教師の出番，つまり，その活動を構成している教師の役割が重要になってくる。

> **学習材**
>   既有の知識と経験を統合できるような素材の提供をしているか。
> **教師の働きかけ**
>   **活動構成** ……… 主体性を引き出すエンカウンターができているか。
>   **発問・資料** …… 気付きを深める教師の手立てがあるか。
>   **状況対応力** …… 子どもの活動状況に，教師が適切に対応しているか。

　生活科授業のコンセプトは，子どものスクリプト script を引き出すことである。スクリプトとは，子どもが，対象となるものに関連する一連の手続き的な知識のことである。その手続き的な知識を再構成して成長できる授業にしなければならない。また，生活科授業は，「遊びが学習になればおもしろい」という発想が必要である。「学習」というのは，定理・法則・原理・しくみに気付いたり，おもしろさ・不思議さを発見したりすることである。そのためには，問題発見の心，つまり，「なぜの心」をもてるような構成にしていくことである。

　社会科や総合的な学習の時間が，問題解決的な学習 Problem-Solving ならば，生活科授業は，子どもの問題発見的な学習 Problem-Discovering である。言い換えれば，子どもの気付き（発見的認識）awareness で構成していく授業である。生活科授業における問題発見的な学習の流れと気付きの深化については，図 11 のように考えている。

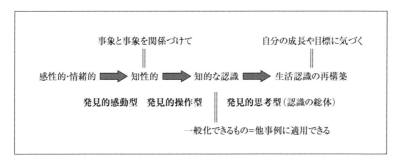

図 11　気付き（発見的認識）awareness の深化過程

子どもは，感覚や知覚によって得られる感性的・情緒的な認識からスタートする。その認識が，自分の既知や経験，事象と事象を関係づけて，知性的な認識に至る。その認識が他事例に適用できるような一般化の段階に入ると知的な認識を獲得するに至る。さらに，生活科では，対象に対する認識が深まるだけでなく，それに関わっている自分の成長にも気付く段階が必要である。それが総体となったのが生活認識ととらえている。子どもは，この生活認識を日々再構成しながら，生活をしている。生活科を意義ある教科として存続させていくためには，子どもが「学ぶ喜び」と自己の成長を実感できる授業にしなければならない。学ぶ喜びとは，

①**知らないものを知る**喜び
②**自分で創意工夫する**喜び
③**わかるようになった**喜び
④**できるようになった**喜び

などである。生活科によって，新たな自分の発見や，自分に自信がもてたり，自己効力感や有能感，何より自分の可能性を信じられるようになることが重要である。

2　方法原理を学ぶ生活科授業

　生活科は，社会や自然，文化に関する内容を総合的に学びながら，その共通の基盤となる学び方，「方法原理」を学んでいく。方法を重視して，学ばせたい認識内容との関わりで学んでいくことにより，その後の学習に活かすことが大切である。「方法原理」を学ぶとは，具体的には，探究的な学習の前段階を生活科で学ぶということである。つまり，問題の発見，予想，推論，検証といった過程を経ることである。教師は，子どもの「なぜそのように考えたのか，なぜそのように判断したのか」といった解決のための思考を喚起する働きかけが必要である。そのことによって，子どもは，自分の体験活動を通して，想像力を喚起し，自分の経験の枠を越え，創造へと向かって動き

出す。つまり,子どものもつ既有の知識を体験的活動によって得た気付き（発見的認識）awareness を教師の思考を喚起する働きかけによって,気付きを再構成することで創造的思考につながる。

　図12は,生活科授業における子どもの意識の流れを示した図である。生活科に限らず,真剣に考えてほしい問題がある。最近の風潮で,子どもにとって,「自分の思いのまま,あるいは,自分のしたいこと,興味のあることだけをする」といった風潮が,子どもを育てるという大きな目的をもった「教育」にとって本当に望ましいのかという点である。例えば,低学年の生活科以外の他教科や,第3学年以降の教科の学習で,自分の興味のない内容に遭遇したら,子どもは,どのように対処していくのだろう。興味あることだけを学習対象にすればいいのだろうか。また,学習面に限らず,子どもが生きている社会の中では,自分の思い通りになることは,現実として少ないわけで,

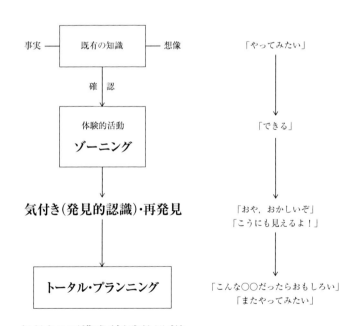

図12　生活科授業における子どもの意識の流れ

自分の思いだけを優先することによって，社会生活で重要な「社会性」が身に付くとは考えられない。よく「子どものために」とか，「個に応じた」とか，「個の思いを重視して」という言葉を教育現場では安易に平然と使用される。しかし，世の中で，個の思いが尊重される場というのは，限られた空間のみに許されることであって，だれもが個の存在を押し殺したり，なるべく表に出さないで生活をしたり，反対に，個の存在が無視されて，社会生活を送っている場合が多い。

　また，生活科だけで，「自立の基礎」を養うという大きな目標を掲げることは，無謀なことに等しい。様々な要素が絡み合い子どもは，日々成長している。生活科が大きな教科として位置づけられることは，自分で自分の首をしめるようなものである。世の中は，そんなにやさしい人ばかりが存在していたり，甘いことだけがあるのではない。厳しい現実の中で，人々は，生活している。努力すれば，必ず報われるものではなく，「努力をすれば報われることも少しはある」というのが現実である。うまくいかないことの方が多いのが世の中であり，個は，全体の中で一つの歯車としての小さな存在でしかないのが現実である。

　生活科は，ある意味で，小さな教科となることが必要である。生活科の段階では，学びの基礎である「方法原理」を学ぶ。自立への基礎は，すべての教科，あるいは，子どもが関わるすべての活動を通して，養われていくスタンスが必要である。生活科では，「自分はこんなことをこんな計画でやってみたい」という子どもの思いを大切にして，学習内容の基礎・基本をしっかりと学び，追究のための方法というレベルで子どもの思いを反映していく。

　子どもが，「やってみたい」→「できる」→「やりとげる」というプロセスを大切にしながら，教師が，生活方法に加えて，学習方法に関わる面を支援していくことが必要である。現状の生活科授業では，活動を「工夫をしてみよう」というレベルで，活動の見直しが図られているだけで，子どもの思考において一般化や新しい問題の再発見という大切な過程での支援が欠如している。そのために，体験的活動の循環過程を意識して，授業デザインを行っていくことが大切である（図13参照）。子どものメタ認知を促進し，新たな好奇心を高めていく。自分が今，何がわかっているのか，あるいは何がわか

らないのかについてわかることを繰り返す中で，対象への関わり（経験）と気付き（認識）の統一的育成を図っていくべきである。

3　ホリスティックな学びとしての生活科授業

人間は，ボディ（肉体）Body・マインド（知性・精神）Mind・スピリット（直観）Sprit・エモーション（感情）Emotion の四つの要素をあわせもつと言われている[14]。人間として全体的な成長のためにも，生活科授業では，これらの要素をバランスよく考慮した体と心の丸ごとアプローチであるトータル・プランニングを行っていく場を組み込むことが必要である。生活科で，対象となる社会や自然，人々などは，みな地域や自然界との関わりをもち，思いやりや平穏などの精神的価値観を追い求めることで，自己が存在していることの意味を見出している。人々の内に秘められている命への尊厳や学ぶことに対する大きな喜びを引き出していくことで，人生の目的や意味を見出していく，つまり，生活科授業は，ホリスティック holistic な学びそのものである。

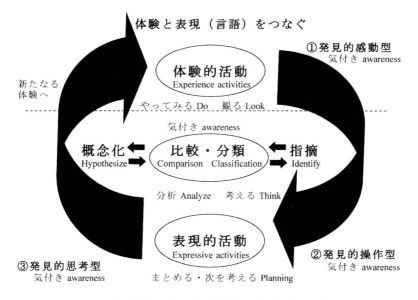

図13　比較・分類思考を中核とした循環過程

生活科授業においては，子どもが，わかることを目的とするのではない。体験的活動によって得た気付きを引き出し，「問い」として高め，自分との関わりで考えていくような授業デザインにしなければならない。また，子どもの側からの授業デザインの必要性がある。「楽しいか」，「挑戦的なものであるか」という要素が大切であり，子どもが，「やってみたい」と感じる授業デザインを描くことが必要である。そのことによって，子どもが，授業で行った対象を自分の生活の中にあるものとして意識し，追究意欲を喚起され，実際に，自分の生活の中で，活動をおこすような契機となることが大切である。そして，何よりも子どもが，授業で何かを「感じる」ことが大切であり，どんなことにでも感じることのできる人間づくりが必要である。理解するとかわかるを目的とするのではなく，感じることが大切である。そして，教師は，子どもの持っているスクリプト script を引き出すことをしなければならない。もちろん，感じることができる子どもでなければ，考えることもできない。自分で感じたものを創造させていくような授業デザインが必要である。感じるということは，人間が，身体で作り出す情報である感性情報を手がかりにしなければならない。子どもの感性情報を様々な場でフルに活用できる試みが必要である。

　そのための学習過程として，次の三つの場面を設定している。

---

① 　体験に先行して見通す場面
② 　体験的活動の場面
③ 　体験を学習へと高める場面（リフレクションの場面）

　気付きを再構成する③の場面では，子どもが学習を振り返って自己評価・相互評価を行う場面であるが，新たな問題の発見をする場が必要である。教師は，子どもの「なぜそのように考えたのか，なぜそのように決めたのか」といった解決のための思考を喚起する働きかけが必要である。そこで，比較・分類思考を中核に据えて子どもの気付きを再構成することを考えている。

　生活科授業は，「活動あって思考なし」の授業が多く，現場でも「生活科だから子どもが活動していればよい」と言ったイメージで固定されている感

がある。子どもが活動をして終わるだけで，気付きを深める場面が弱い。また，せっかく子どもからすばらしい気付きが出ても，それに対する教師の適切な支援が欠けている。また，生活方法への教師の示唆が中心としてなされ，学習方法への教師の示唆が極端に少ないのが現状である。これは，生活科の目標に掲げられている「自立への基礎」という点と，基本的生活習慣や生活の技能の育成という点が，一人歩きをしていることに原因がある。そのことは，ただ子どもの思いに任せて体験や活動をさせて，「ああ，楽しかったね」で完結することで，子どもも教師も満足している。生活科の授業によって，子どもの確かな変容が見られない場合が多い。授業前と授業後の子どもの対象化した学習内容に関して，体験をプールするだけで，対象を認識していく学習方法の研究に欠けている点で問題がある。子どもが授業によって，変容しなければ，授業の意味はないし，授業によって，身の回りの社会や自然に対して，自ら働きかけていくような「契機」に授業がならなければ，本当の意味での「自立」は，あり得ない。

　例えば，町探検で，学校のまわりを探検して，探検すること自体に目的を見い出し，町探検の活動の工夫やまとめ，発表の工夫をして終わることが授業ではない。授業での町探検が契機となり，自分の家のまわりのようすや，他の町のようすを自分が獲得した「見方」で，町を見られるようになったり，地域社会の行事に意欲的に参加したりできるようにならなければ，授業の意味はない。前者の授業は，活動すること自体が目的である活動完結型であり，後者の授業は，一つの活動が次への活動の契機となる活動モチベーション（動機づけ）型とも言える。生活科の授業は，同じ体験活動を位置づけるにしても，活動モチベーション型に位置づけておくことが大切である。

4　比較・分類思考で創る生活科授業

　生活科授業では，子どもの発想を広げるための手だてが必要である。創造力のもとになる「発想」は，異質なものとの比較によって生まれる場合が多い。つまり，比較 comparison によって，自分が他者とは違う意識をもち，ユニークな発想や独創的な考えをもつことが可能になる。生活科授業においては，比較・分類思考を中核に据え，子どもの気付きを再構成していく。比

較 comparison とは，いくつかの対象を対照して，それらの間に差異や類似を見つけ出すことである。また，分類 classification とは，特定の基準や観点にしたがっていくつかの対象を差異や類似により分けることである。この二つの方法は，無関係ではなく，分類をしようとすればその前提として比較を必要とする。ただ単に，活動や現象，事象を比較するというのではなく，「ゾーニング」zoning という手法を取り入れ，子どもの思考を喚起するトータル・プランニングへとつなげていく。ゾーニングというのは，機能や用途などを考えて空間を分けて配置することである。都市計画や建築プランなどで，関連のある機能や用途をまとめていくつかのゾーンに分け，それぞれに必要な空間の大きさを考慮し，相互の関係を考え，位置関係を決める作業のことを指す。つまり，ゾーニングとは，空間をエリアに分けて，性格づけをすることである。

このゾーニングを生活科に適用させて，次のように定義づけている。

> ゾーニング zoning とは，子どもの基準で自由に仲間分けをして，子どもの言葉で定義づけることである。

また，トータル・プランニングは，次のように定義づけている。

> トータル・プランニング total planning とは，子どもが，今までの生活経験や学習成果を活かしながら，総合的にプランニングすることである。

トータル・プランニングは，体と心の丸ごとアプローチであり，「こんな〇〇〇があったらいいな」という設定で，子どもが自由に発想をする。

生活科の学習過程は，ただ子どもの思いにまかせて活動や体験をさせて終わるのではなく，「こんなことをこんなプランでやってみたい」という子どもの思いを大切にし，トライする。子どもが，「やってみたい」→「できる」→「やりとげる」というプロセスを繰り返し経験し，「方法原理」を学んでいく。

第2章　生活科カリキュラム・マネジメントのための理論

（1）比較の方法

　比較の方法としては，次の三つがある。

①事物・事象間の比較　　　　②空間的な比較　　　　③時間的な比較

　事物・事象間の比較では，町をイメージする要素であるパス，ノード，ランドマークなどで考えていく。つまり，スーパーマーケットとコンビニを比べたり，電気店と飲食店を比べたりして共通点 common features や相違点 discrimination を見つけ出す。空間的な比較では，エッジやディストリクトなどの比較，他地域やもっと視野を拡げて外国との比較も考えられる。時間的な比較では，町を時間的（歴史）な経過により比較する方法がある。例えば，夏の祭りと冬の祭りを比較して，出店で売っている物の違いや祭りに来ている人の服装の違いなどから四季を感じることができる。

（2）分類の基準（スタンダード standard）

　分類の基準は，次の三つのレベルがある。

①知覚的属性 conceptual attribute による分類 　・五感をフルに活用して分類する。 ②抽象的価値判断基準 abstract value judgement による分類 　・自分の価値体系に基づいて分類する。 ③機能的属性 functional attribute による分類 　・働きや作用，役割などで分類する。

　子どもが，現実世界の中から情報として切り取られた事物・事象を具体的に見たり，聞いたりして自分自身が五感を活用して知覚することによって分類する知覚的属性 conceptual attribute による分類がある。

　次に，子どもにとって楽しいとか，おもしろいとか，○○してみたいなど子どもの価値判断に関わる面からの分類である抽象的価値判断基準 abstract value judgement による分類がある。この分類は，子どもには，事物・事象

55

を自分の価値体系とイメージ化する活動とを繰り返す中で，生まれる基準である。さらに，ある事物・事象を「○○をするもの，○○するところである」というように関連づけたり，意味づけたりして，事物や事象の働きや作用，役割などを理解するような**機能的属性** functional attribute による分類がある。これらの分類は，事物や事象によって，カテゴリーの階層性を含んでいるが，子どもの分類のレベルのスタンダードを環境知覚の思考と概念モデル[15]に位置づけて，分類の基準を構築する（図14参照）。

生活科授業の中核と位置づけている単元「ランドマークを見つけよう」の分類では，まず，事物の存在，行為，性質，状態を示す知覚的属性による分類をする。また，社会的なつながりを意識するためには，機能的属性が必要

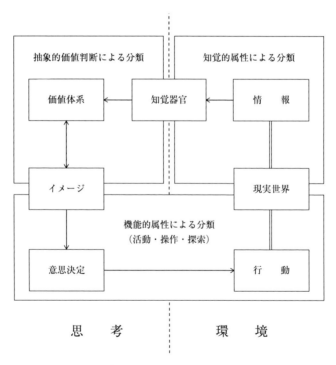

図14　環境知覚の概念モデルと分類のレベル
（Downs, 1970 を参考にして關が作成）

であり，自己との関わりを意識すると抽象的価値判断基準による分類が必要である。それらの分類によって，子どもなりに町にある建物や施設を定義づけることによって事物・事象の意味や意義を考えていく。つまり，分類していく基準は，町をイメージする五つの要素を考えるだけでなく，生活科においては，自己との関わり，つまり，抽象的価値判断基準による分類が重視されてくる。駅は，移動のための発着地点だけの役割だけでなく，「駅には，デパートや遊び場があって楽しいよ」，「大好きな電車に乗れるのでとっても楽しいところだよ」というような子どもの気付きに読み取れる。社会認識形成への発展につながる機能的属性による分類においては，「駅は，○○するところです」と自分なりに定義づけることで，並列的な概念の広さやカテゴリーの階層性（深さ）が自然に形成されてくる。そして，最終的には**概念的属性** perceptual attribute による分類が可能になればよい。

【註及び参考文献】
(1) 方法的能力とは，生活科誕生の際に，広島大学附属小学校生活科研究部が提唱した能力である。コミュニケーション能力と探究的能力に分けて再定義したのは，筆者である。次の文献を参照されたい。拙著『総合的学習につなげる創造型生活科授業の構想』学校教育研究会，1997 年。広島大学附属小学校生活科教育研究会「方法的能力を培う生活科の授業」学校教育研究会，1992 年。
(2) WHO（世界保健機構）では，1993 年にライフスキルとして以下の 10 のスキルを掲げている。①自己認識②共感性③効果的コミュニケーションスキル④対人関係スキル⑤意思決定スキル⑥問題解決スキル⑦創造的思考⑧批判的思考⑨感情対処スキル⑩ストレス対処スキル，以上 10 のスキルである。
(3) 内的ワーキングモデル理論 Inner Working Model に関しては，ジョン・ボウルビィ John Bowlby の愛着理論がある。ボウルビィは，A～Cタイプに分類している。Aタイプは，母親に愛着を示さないタイプで，母親が不在になっても泣かず，再会してもうれしそうにしない。Bタイプは，母親に安定した愛着行動を示すタイプで，母親の不在を悲しんで泣き，再会すると喜んで泣きやみ，再びいっしょに遊ぶ。Cタイプは，実験場面になじまず，母親の不在で泣くが，

再会しても泣きやまず混乱するなど，不安定な愛着を示すとしている。ボウルビィの愛着理論が，記憶研究の成果を取り込んで，時間的に形成される愛着の中身を記憶をベースにした表象モデルによって説明する方向へと発展している。具体的には，親との相互交流の経験から，自分の要求に親がよく応じてくれたかどうかをもとに形成，依存対象の特徴や対人状況のパターンや世界との関わり方についてのビジョンのことで安定型と不安型（両価型，回避型，無秩序型）に分類される。

(4) コンピテンスとは，人間が環境との相互作用をするのに必要な能力である。特に，社会的コンピテンスとは対人関係における能力を指している。

(5) ピアジェ Jean Piaget のアニミズムの段階については，次の文献を参照されたい。波多野完治『ピアジェの認知心理学』国土社，1965 年。

(6) 小 1 プロブレムとは，入学した時点で，基本的な生活習慣が身についていない子どもが，授業中に騒いだり，勝手に動き回ったりして，授業が成り立たないケースのことで，東京都内の公立小学校を対象にした東京都教育委員会の調べ（2007年）によると，4 校に 1 校の割合で発生しているデータがある。1999 年以降から学級崩壊とは別のものとして社会の注目を浴びるようになり，2005 年頃から全国的に顕著な事例が報告されるようになっている。

(7) 動機づけに関しては，次の文献を参照されたい。宮本美沙子『やる気の心理学』創元社，1981 年。

(8) メタ認知とは，自分が現在何がわかっているのか，何がわからないのかについてわかることである。その能力をメタ認知能力と呼び，自分の知的機能に関する知識（メタ知識）をもち，それをうまく運用できるようになる能力のことである。主に，次の文献を参考にした。東洋・繁多進・田島信元「発達心理学ハンドブック」福村出版，1993 年。

(9) G.W. オールポート Gordon Willard Allport は，人格は，社会生活で形成されるとして，成熟人格の基準として，自我の拡張，他人に対する温かい人間関係，情緒の安定，現実認知と技能，自己客観化（洞察・ユーモアのセンス），人生観の確立の六つの基準をあげている。

(10) メタ認知に関しては，次の文献から多くの示唆を得た。瀬戸賢一『メタファー思考』講談社，1995 年。日常言語に含まれる思考手段としてのメタファーを取

り上げ，人間的意味の形成のしくみを明かしている。

(11) ドッジボールの名前は英語の dodge（素早く身をかわす）から来ている。

(12) 都市工学者ケヴィン・リンチは，著書『都市のイメージ』(1960) の中で，都市の構成要素として，都市のイメージの役割を重視して，五つのエレメント（要素）に分類した。次の文献を参考にした。中村豊・岡本耕平「メンタルマップ入門」古今書院，1993 年。を参照されたい。

(13) コミュニケーション能力に関する四要素を導き出すために，主に次の文献を参照した。

・Canale, M. and M. Swain (1980). Theoretical Bases of Communicative Approaches to Second Language Teaching and Testing. Applied Linguistics 1：1 -47.

・植松雅美『コミュニケーション能力の育成をめざした話し言葉の指導』東洋館出版社，1996 年。

・岩下貢『ストラテジック・コミュニケーション（5）論理的コミュニケーション戦略』慶應義塾大学出版会，2004 年。

(14) ボディ（肉体）Body・マインド（知性・精神）Mind・スピリット（直観）Sprit・エモーション（感情）Emotion の四つの要素をバランスよく考慮した体と心の丸ごとアプローチは，ホリスティックな学びにつながる。ホリスティックな学びに関しては，次の文献を参照されたい。日本ホリスティック教育協会編『ホリスティックな気付きと学び』せせらぎ出版，2002 年。

(15) ダウンズ（1970）やゾルックフィールド（1969）は，環境知覚を意識した枠組を提示している。上掲書 (8) を参照されたい。

○文部省『小学校学習指導要領』大蔵省印刷局，1977 年。

○文部省『小学校指導書　生活編』教育出版，1989 年。

○文部省『小学校学習指導要領解説　生活編』日本文教出版，1999 年。

○文部科学省『小学校学習指導要領解説　生活編』日本文教出版，2008 年。

○文部科学省『小学校学習指導要領解説　生活編』東洋館出版社，2018 年。

第Ⅱ部

生活科カリキュラム・マネジメントの方法

第3章 生活科カリキュラムのプラン

第1節 生活科の「見方・考え方」を鍛えるカリキュラム・マネジメント

1 近未来の社会に求められる学び

　今，子どもたちが活躍するであろう近未来の社会を生き抜く人材の育成を視野に入れた学びが求められている。グローバル化や高度情報化がさらに進展しているであろう近未来の社会は，予測困難なレベルである。身の回りに生じる様々な問題に自ら立ち向かい，その解決に向けて，膨大な情報の中から何が重要なのかを主体的に判断して，自ら問いを立て，その解決を目指し，他者と協働しながら新たな価値を生み出していくことが必要である。子どもは，自分の人生をよりよいものにしていくために，どのような社会の未来像をデザインできるのか。そのために，「何をどのように学ぶか」に加えて，身に付けた個別の知識や技能を実生活や社会で活用していくために，「何ができるようになるのか」という資質・能力の育成が課題となっている。この流れは，まさにこれまで生活科が目指してきた学びそのものである。

2 単元をつなげて「見方・考え方」を鍛える

　生活科は，子どもの願いや思いがつながっていくように単元を構成する。例えば，飼育・栽培単元では，活動を継続的に繰り返す中で，動植物への愛着が生まれるとともに，子どもは，対象物の変化と自分とを結び付けて考えることができるようになる。あさがおを育てる栽培活動では，春に種まきをして，夏の終わる頃にはあさがおと別れるというのが通例であろう。しかし，年間あるいは，2年間を通して，あさがおと関わっていけるようにデザインする。つまり，生活科は，それぞれの単元で学びを完結させるのではなく，子どもの思いや願いを組み込んで，生活科2年間の学びをコーディネートできるように，単元をつなげていく。それによって，活動の広がりとともに，学びもスパイラルに広がり，深まっていくことが可能になる。子どもは，

表2 生活科カリキュラムデザイン

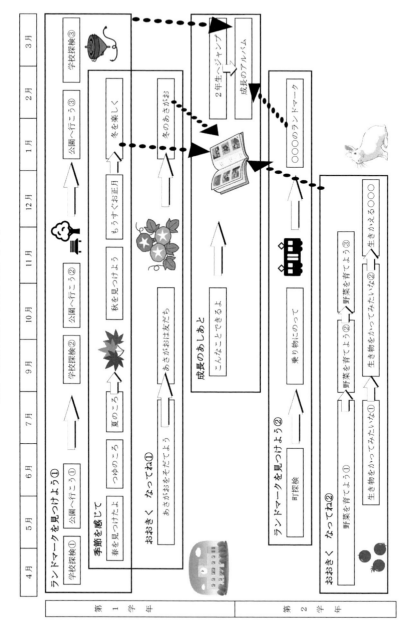

植物が育つのと同じように，自分も成長の真っ只中にいることが実感できると，自分がこれまで育ってきたのは，あさがおの世話を続けた自分と同じように，自分にも家族や周囲の人たちの支えがあったことに気付いていけるようになってくる。生活科カリキュラムは，２年間を視野に入れてカリキュラムをデザインする（表２参照）[1]。飼育・栽培単元である「おおきく なってね」の単元だけでなく，「学校探検」や「公園へ行こう」などの身近な人々や社会に直接関わる単元においても，２年間を見据え，「ランドマークを見つけよう」という大単元で，視点取得能力や空間認識能力を育てるコンセプトでデザインしている。

3　教科をつなげて「見方・考え方」を鍛える

　生活科の単元は，教科横断的なテーマが必要である。子どもの意識や思考の流れがどのようにつながっていくかを具体的にイメージしながら，各教科等における単元間のつながりを重視し，年間カリキュラム表を作成する（表３　第１学年　教科横断的カリキュラムデザイン参照）。

　生活科を中核として他教科等の関連を図る際に重視されるのが言語を中心とした表現活動である。体験や活動だけを行っても，子どもの学びは深まっていかない。体験的活動で得られた気付きや思いを自覚させ，他教科に相互に関連づけていくネットワーク化が求められる。生活科であさがおを育てる活動をすれば，あさがおに対する気付きを観察記録にまとめる。言語活動は，国語科に依存する点が大きい。また，あさがおのつるが伸びていく様子を，体育科の「体ほぐしの運動」において，体で表現する活動を取り入れる。花が咲く時期になれば，音楽科では花の歌を取り上げる。また，咲いた花を正確に描写する図画工作にもつなげられるし，花の数を数えて算数科の足し算の学習につなげることができる。生活科で取り組んでいるあさがおが，ハブ的役割を果たして，国語科や体育科，音楽科，図工科，算数科などの他教科をつなぎ，さらには学校生活全体に広がっていく。このネットワーク化が，子どもの知恵や子どもにとって新たな知の創造を生み出すことになる。

　年度当初に作成したカリキュラムデザインは，子どもの学びの姿を見取りながら，学びがより深まるように，適宜，加筆・修正を加えていくモニター

表3　第1学年　教科横断的カリキュラムデザイン（一部抜粋）

	4月	5月	6月	7月
国語	○あさ ○なんて いおうかな ○どうする あいさつ ○うみのおはなし どうぞよろしく ○えにかいて ことばをつくろう	○えを みて はなそう ○かきと かぞえ ○あさの おひさま ○ぶんをつくろう ○ねこと ねっこ	○おむすび ころりん ○おおきく なった ○おおきな かぶ ○あいうえおで あそぼう	○たからものを おしえよう ○すきなこと なあに ○おおきく なった ○ほんは おともだち ○こんなことを したよ
算数	○オリエンテーション ○かずと すうじ	○なんばんめ ○いくつと いくつ	○いろいろな かたち ○ふえたり へったり ○たしざん（1）	○ひきざん（1）
道徳	○たのしい がっこう ○がっこう だいすき	○ありがとう ○ゆうたの へんしん	○なにを して いるのかな ○たしざんと おともだち	○もりの ぶんせいと いえぽと いえさん なにかな
生活	○うたで なかよしなろう ○すきなものいっぱい 「じぶんマーク」をつくろう	生活科スタートカリキュラム 「学校」につなげる。 1年生の学習の会、朝の会、すべて生活科であるよさ、朝の会、終わりの会、掃除、給食、登下校、すべての活動が生活科に関連して展開する。 「幼稚園・保育園・こども園」 ○はくを かんじて あそぼう ○しぜんと なかよし ひかりのくにの なかまたち ○多様な活動をつくる運動遊び ○鉄棒遊び	○はくを かんじて 花の駅 ○チョウをキャベツからそだてよう あさがおさん こんにちは ○体をほぐしの運動 表現リズム遊び 大好き あさがおランド（表現）	○みてみていっぱいつくったよ さわってはって たしかめて ○水遊び
音楽	○うたで なかよしなろう	○はくを かんじて あそぼう	○はくを かんじて 花の駅	
図工	○すきなものいっぱい 「じぶんマークをつくろう」	○しぜんと なかよし ひかりのくにの なかまたち	○チョウをキャベツから そだてよう あさがおさん こんにちは	○みてみていっぱいつくったよ さわってはって たしかめて
体育	○固定遊び ○体ほぐしの運動	○多様な動きをつくる運動遊び ○鉄棒遊び	○体をほぐしの運動 表現リズム遊び 大好き あさがおランド（表現）	○水遊び
学校行事	○1年生を迎える会 ○遠足			○水泳大会

学校探検　1年がけで学校探検をしよう

あさがおをそだてよう

「動植物と生活科が始まる！」

あさがおの栽培活動を各教科の表現活動をつなげる。
- ○あさがおの観察記録を書こう。（国語科）
- ○あさがおはどんな気持ちかな。（道徳）
- ○いくつ花が咲いたかな。（算数科）
- ○花の歌をうたおう。（音楽科）
- ○花が咲いている様子を感じて歌おう。（音楽科）
- ○様子を体で表現しよう。（体育科）
- ○あさがおをスケッチしよう。（図工科）

評価が必要であることは言うまでもない。この子どもの心が動く体験と感動を表現活動につなげる教科横断的なカリキュラムによって，子どもの学びに向かう力を培うことができる。

　生活科は，ホリスティック holistic な学びそのものである[2]。エンカウンター的発想で具体的な活動や体験を位置づけ，表現活動と連動させて，「見方・考え方」を鍛えることで，子どもの気付きの質を高める。そのために，比較・分類思考を中核にした探究的な学習の前段階を学ぶ。生活科によって，新たな自分の発見や，自分に自信がもてたり，自己効力感や有能感，何より自分の可能性を信じられるようになってくることが生活科が目指す深い学びである。

第2節 第1学年生活科カリキュラムデザインのプラン

1　第1学年授業デザインのプラン

　子どもは，朝から帰るまで遊び中心の生活を保育園や幼稚園で送っている。その子どもが，小学校へ入学すると環境が一変する。第一は，日課表に従う生活が始まるということである。チャイムや音楽とともに活動し，学習と遊びのけじめをつけた生活が始まる。自由保育で慣れている子どもにとっては，入学当初は，なかなか学習の構えができない子が多い。学習に対する構えを身につけさせることが1年生の担任にとっては，大変な苦労を要するところであるが，重要な指導のポイントである。つまり，この時期に学習に対する構えや，基本的な学習の仕方を身に付けなければ，けじめのないまま後の学校生活を過ごすことになり，後で自分が苦労するようになると言っても過言ではない。第二に，学習形態そのものが変化することである。幼稚園のときの遊びや活動中心の形態から，ほとんどの教科学習は，座学主体の学習になる。体育科や音楽科が，低学年の子どもに人気があるのは，座学ではなく，自分の身体を使って，ある程度自由に動き回れるというところに人気の理由がある。第三に，子どもの発達段階が，まだ，幼稚園の年長児と同様なレベルに位置していることである。思考と行動が未分化であり，物事と行動を区

別することができないので，常に何かをしながら考えるという特性を持っているので，そのことを認識しておくことが必要である [3]。

　このような点からも，小学校生活に滑らかに対応していけるように，生活科が誕生した理由がある。「具体的な活動や体験」を通して学んでいけるように，特に，第1学年の生活科では考慮していく必要がある。

　これまでの社会科や理科でも同じように社会や自然を取り上げて学習対象にしていたが，その取り扱い方は，根本的に違う。それは，同じ社会や自然を対象としていても，従来の社会科や理科では，自分の思いや自分との関わりをはずして，できるだけ客観的に見ることを主眼にしている。例えば，理科では，植物を育てる単元では，花の色は，何色で，何枚の花びらで，葉っぱの形はどんな形をしているかなどと，客観的な知識をとらえさせる，つまり，事実を客観的に，あるいは科学的にとらえ，分析をすることを目標としている。これに対して，生活科では，自分の生活の中で深く関わっている側面に，より一層深い関わりをもった生活や生き方ができるようにさせることをねらいとしている。

　生活科でねらう社会認識形成や自然認識形成は，客観的で科学的な認識の形成だけが目的ではない。子どもが活動の中で得た発見的認識（これを気付き awareness と位置づけている）を子どもの経験へプールしていくことが大切であり，そのプールした経験が，第3学年以降の教科学習や総合的な学習の時間へと活かされていく。また，花を育てることなら花を育てることに関心をもち，自分との関わりを重視し，花を通して自分の生活やこれからの自分の人生のあり方にまで気付いていく。そこに，生活科が，社会科や理科と根本的に違う点がある。

　生活科授業をデザインしていく学習内容は，大きく分けて，①学校，家庭及び地域の生活②身近な人々，社会及び自然と関わる活動③自分自身の生活や成長の三領域である。

　第1学年では，社会的空間として，自分を中心として，学校や家庭，通学路などに，公園などの公共施設への関わりが対象となる。身近な自然との関わりでは，季節・時間の変化への気付きや，季節に合わせた生活が対象となる。また，生き物との関わりでは，動植物の飼育や栽培を通して，「生命」に対

第3章　生活科カリキュラムのプラン

する気付きが深められるようにする。遊びや製作活動では，子どもの身近にある土や砂などの遊びや葉っぱ，木の実を使った製作活動が考えられる。自分の成長に関わっては，入学してから1年間の自分の成長を意識できるようにする。

　第1学年の生活科授業デザインは，これらの内容を内容領域ごとの学習ではなく，より総合的な視点から内容を構成していきたい。

　つまり，自然との関わりを対象としても，物の製作や遊び，自分の成長とも絡めて構成していく。また，第1学年では，生活科の授業時数を全102時間と設定して，大きく四つの大単元で構成している。

　「きせつをかんじて」の単元は，さらに六つの小単元に分割をしている。それぞれの単元は，三つのレベルで単元を構成している。第1レベルは，エンカウンターをして，単元を見通す段階。第2レベルは，体験的活動を行い，経験にプール化する段階。そして，第3レベルは，子どもの創造性が培える授業にするために，体験を活かして気付きを再構成する段階である。「こんな○○○だったらいいな」という創造性を培える設定をして，自分の思いで対象となる内容に対して発想を広げて気付きを深め，その後の学習や生活への関わりを深めていけるようにする。

①学校，家庭及び地域の生活に関する単元

　大単元「ランドマークを見つけよう①」の単元を設定している。社会的空間の広がりは，学校探検では，校舎の中の教室や施設だけでなく，運動場にある自然との関わりも絡めている。自分を中心に，家族や学校，近所の公園へと広げていく。「冬を楽しく」では，夏のくらしとの比較によって「住まい」を視点として，気付きが深められるようにする。

②身近な人々，社会及び自然と関わる活動に関する単元

　「きせつをかんじて」は，公園へ行こうの中での「春を見つけたよ」，「つゆのころ」，「夏のころ」，「秋を見つけよう」，「もうすぐお正月」，「冬を楽しく」の六単元による全37時間の大単元である。四季の変化だけでなく，子どもとの関わりのあるものを対象として広げていく構成にしている。春は，公園という公共施設との関わりや公園での遊びの中から，春を見つける活動を取

り入れる。また，つゆのころは，カタツムリを対象として生き物との関わりの中から季節感を感じ取らせるような構成にしている。「つゆのころ」の単元では，季節変化や生き物と関わるだけでなく，晴れの日と雨の日の違いを土や砂の変化に目をつけて，水を含んだ土や砂の変化について，遊びを通して気付きを深められるようにする。特に，砂場の活用を重視している。

　砂場を活用する意義は大きいが，現状の学校現場では砂ではなく，運動場の土と同じ状態になっている場合が多いので，活動は限られる。「秋を見つけよう」では，公園での春と秋の変化した特徴的な葉っぱや木の実を使って服づくりをしたり，木の実を使って物の製作や遊びを取り入れたりしている。また，「もうすぐお正月」では，むかしの遊びや年賀状づくりによる情報に関する視点を組み込む。「冬を楽しく」では，夏と冬の季節の違いをメインにして，「住まい」という社会的空間を対象にして，季節変化のまとめとしている。本単元は，より総合的な視点から内容を構成している。

　また，「おおきく　なってね①」の単元は，「生き物」との関わりを対象とした単元である。「たねまきをしよう」から植物の生長とともに，自分との関わりを重視して，自分と同じように生きている「生き物」として共感することを中核として構成している。

③自分自身の生活や成長に関する単元

　第１学年から第２学年にかけての大単元「成長のあしあと」を位置づけている。その中で，第１学年では，「こんなことできるよ」，「２年生へジャンプ」の二つの単元がある。「こんなことできるよ」の単元は，「家庭生活」を対象にした単元で，家族の中で自分にどんな役割があり，自分がどんなに家族に愛されて生きているのかということを実感できる単元である。「２年生へジャンプ」の単元は，入学してからの１年間を振り返りながら，自分の成長を感じる単元である。来年入学してくる１年生にお兄さん，お姉さんとして，何ができるかも考えながら，「２年生でもがんばるぞ」といった夢のある単元としている。

第3章　生活科カリキュラムのプラン

2　第1学年年間デザインのプラン

○単元目標・評価規準	子どもの活動内容・方法
2　ランドマークを見つけよう① （33時間） ○事象に関わる諸情報を集めたり比較・分類する操作を通して，相違点や共通点を明確にするとともに，集めた情報を分かりやすく，見やすくまとめるための図表の書き方・描き方が分かり，身の回りの事象をシンボリックに見ていくことができるようにする。	
（1）がっこう　たんけん(21時間) ○友だちと一緒に校舎内や校庭を歩いたり，通学路の様子を調べたりして，学校の施設や学校生活を支えている人々や自分たちの安全を守っている人々のことが分かり，楽しく安心して遊びや生活ができるようにする。 ・校内の草木や生き物の様子を調べ，それが自分たちと共通の一つの環境の中で生活していることをとらえながら，学校での生活は様々な人や施設と関わっていることが分かっている。　【知識及び技能の基礎】 ・校内地図づくりを目指して，校舎内外の施設・設備の様子，動植物の様子について，自分なりに考えたり，振り返ったりして，それらがみんなのためや安全な学校生活のためであることを見いだしている。 【思考力，判断力，表現力等の基礎】	**1　みんなともだち**　　　（4時間） ①自己紹介をしたり，生まれ月ごとに集まったりして，友だちを見つける。 ②自分の名刺を作り，自己紹介ゲームをして名刺集めをする。 　・100人のサイン・メッセージをもらおう ③教室を中心に，自分たちが利用する施設について話し合う。 **2　がっこうのひみつ**　　（11時間） ①校内地図づくりを目指して，校舎内外を探検する。 ○校内の施設・設備 　・1階～3階の各教室・特別教室 　・講堂，運動場の遊具など ○校内の自然環境 　・生き物探し　・草花探し ②どんなものを校内で見つけたかを報告して，校内の大地図づくりをする。 ③オリエンテーリング形式で，学校探検を繰り返す。

71

・校内の施設・設備を見学したり，各研究室を訪ねたりして，それら施設・設備の使い方や，各部屋の人々の仕事の様子に関心をもち，楽しく安全な学校生活を送ろうとしている。

【学びに向かう力，人間性等】

3　こんな学校だったらいいな　（6時間）

①学校にある教室や売店などの施設・設備について，場所はここでいいか話し合う。

②「こんな運動場だったらいいな」という設定で自分たちの思いを出し合い運動場づくりをする。

③学校内をゾーニングした後で，「こんな○○だったら」と，自分が設計したいものを自由にプランニングする。

（2）公園へ行こう　（12時間）

○近くの公園へ行き，安全に気をつけて遊ぶ活動を通して，公園（公共施設）やそこにある公共物はみんなで使うものであることや，それらを支えている人々がいることが分かり，大切に使ったり安全に気をつけて正しく利用したりすることができるようにする。

・公園は，みんなが楽しく，気持ちよく利用するためのルールやマナーがあることや，施設を支えている人々がいることなどが分かるとともに，大切に利用すると自分たちの生活が楽しく豊かになることに気付いている。

【知識及び技能の基礎】

・公園で楽しく遊ぶための方法を考えたり，自分たちの夢の公園について，自分なりに考えたり，振り返ったりしてそれを素直に表現している。

【思考力，判断力，表現力等の基礎】

1　春を見つけたよ　（6時間）

①学校の近くにある公園に行き，自由に楽しく遊びながら春を見つける。

②自分の好きな遊びに必要な遊び道具を準備して，公園で友だちと仲良く遊ぶ。

③自分たちが遊具施設，好きな遊び道具を使って遊んでいる様子を絵にして公園地図を作る。

2　公園で遊ぼう　（3時間）

①公園で遊びながら，自分の宝物を探す。

②公園の木の葉や草花が赤く色づいたり，枯れたりしてきたことを絵地図に表現する。

③公園の落ち葉や木の実を持ち帰り自分が好きな物を作る。

3　こんな公園あったらいいな　（3時間）

①みんなが楽しく遊べる公園を考え，話し合う。

②今までの学習を振り返りながら，施設・設備カードを使って「こんな公園あったらいいな」とプランニングする。

③学校の近くの公園へ行き，みんなで仲良く遊ぶ。

第3章　生活科カリキュラムのプラン

・公園という身近な公共施設に関心をもち，安全に気をつけて利用しようとしている。 ・近くの公園で遊んだり，いろいろなものを見つけたりしながら，春を身体で感じようとしている。 　　　【学びに向かう力，人間性等】	

3　きせつをかんじて　（37時間）

○植物の変化と自分のくらしの変化を比べることを通して，それらの変化や成長の様子に気付くとともに，季節変化を自分との関わりでとらえることができるようにする。

（1）つゆのころ　　（9時間）	1　カタツムリさんようこそ　（2時間）
○梅雨の公園や校庭で，友だちと遊んだり，土，水，砂などの自然を利用し，工夫して遊んだりして，遊びのおもしろさや自然の不思議さに気付き，自分たちの生活を楽しくすることができるようにする。 ・他の季節と比べ，気候や動植物の様子の違いから，梅雨の特徴に気付いている。 　　　【知識及び技能の基礎】 ・やさしく動植物に接し，より大切に育てるために，その仲間を集めたり，比べたり，遊んだりしながらそれぞれの特徴をとらえ育てる方法を考え，それを素直に表現している。	①「梅雨」のイメージを出し合う。 ○気候と動植物を関連づけて考える。 ②カタツムリを迎えにいく計画を立てる。 ○カタツムリは，どんなところにいるか話し合う。 ③カタツムリを探しに行く。 ○学校にある「思い出の森」へカタツムリを探しに行く。 **2　カタツムリと遊ぼう　　（3時間）** ①カタツムリと遊ぶ計画を立てる。 ②カタツムリと遊ぶ。 ○自分たちの考えた方法で遊ぶ。 **3　カタツムリの○○○づくり　（4時間）** ①カタツムリが喜ぶような○○○づくりをする。 ○すみかや遊び場づくりをする。 ②飼っていたカタツムリをこれからどうする

73

【思考力，判断力，表現力等の基礎】 ・梅雨の自然に関心をもち，みんなで楽しく遊ぼうとしている。 【学びに向かう力，人間性等】	かを話し合う。
（２）夏のころ　　　　（４時間） ○夏の公園や校庭で，友だちと遊んだり，動植物，水，土，砂などの自然を利用し，工夫して遊んだりして，自然の不思議さに気付き，自分たちの生活を楽しくすることができるようにする。 ・春のころと比べて，暑くなってきたことを知り，自分たちの生活で変化してきたことに気付いている。【知識及び技能の基礎】 ・小学校に入学して初めての夏休みをどのようにすごしたいかを考え，それを素直に表現している。 【思考力，判断力，表現力等の基礎】 ・夏の自然に関心をもち，夏の自然を利用して，みんなで楽しく遊ぼうとしている。 【学びに向かう力，人間性等】	１　夏といえば？　　　　（１時間） ①春のころと比べて変わってきたことについて話し合う。 ○夏をイメージするものを考える。 ２　七夕かざりをつくろう　（２時間） ①短冊に自分の願いを書いて，七夕かざりを作る。 ○教師が準備した竹笹に短冊や飾りをつける。 ３　こんな夏だったらいいな　（１時間） ①夏をどのようにすごしたいかを考え，話し合う。
（３）秋を見つけよう　　（９時間） ○秋の校庭や公園で，身近な動植物の様子を観察したり，公園に来ている人と関わったり，秋の草花や樹木，虫などの自然を利用し，工夫して楽しく遊んだり	１　はっぱのいろがかわったよ　（２時間） ①秋になって自分の身の回りのことで変わってきたことについて話し合う。 ②秋を見つけるための探検計画を立てる。 ２　○○○な秋を見つけたよ　（３時間） ①春に探検したことを思い出しながら，春の

第3章　生活科カリキュラムのプラン

して遊びのおもしろさや自然の
不思議さに気付き，自分たちの
生活を楽しくすることができる
ようにする。
・秋になって，春や夏のころとは
違ってきたことに目を向け，秋
を体感し，楽しみながら，探検
したり遊んだりするおもしろさ
に気付いている。
　　　　【知識及び技能の基礎】
・秋を自分なりにイメージして，
その思いを秋のファッションに
表現している。
　　【思考力，判断力，表現力等の基礎】
・秋の自然に関心をもち，木の葉
や実，虫などを見つけて，いろ
いろな秋を楽しもうとしている。
　　　　【学びに向かう力，人間性等】

公園で，遊具や自然で楽しく遊びながら秋
を見つける。
②秋をイメージする紅葉した葉っぱや木の実
集めをする。
3　こんな秋だったらいいな　　（4時間）
①「こんな秋だったらいいな」という設定で，
自分たちの思いを出し合い，秋をイメージ
するファッションを作る。
②秋のファッションショーをする。

（4）もうすぐお正月　　（6時間）
○身近にあるものを使って遊んだ
り，昔からある遊びをしたりし
て遊びのおもしろさや不思議さ
を実感するとともに，みんなで
遊びを楽しむことができるよう
にする。
・いろいろな情報発信の仕方を出
し合い，比べて分類したり，手
紙や小包が実際に届く流れに気
付いている。
　　　　【知識及び技能の基礎】

1　むかしのあそびをしよう　　（3時間）
①凧やこままわし，けん玉，だるまおとしな
ど昔ながらの遊びをする。
②こまやけん玉は，検定表を使ってチャレン
ジする。
2　年賀状をかこう　　（2時間）
①どのようにして物や手紙が届くか調べて話
し合う。
②葉書の書き方を知る。
③野菜を使ったはんこづくりをしたり，楽し
かった思い出を絵に描いたりして年賀状づ
くりをする。

75

・お正月の伝統的諸行事について家の人の話を聞いたり，調べたりしてその役割について考え，素直に表現している。 【思考力，判断力，表現力等の基礎】 ・昔の遊びに関心をもち，みんなで楽しく遊びながら遊びを創り出そうとしている。 【学びに向かう力，人間性等】	**3　こんな冬にしたいな**　（1時間） ①どんな冬にしたいかを話し合う。
（5）冬を楽しく　（9時間） ○冬の校庭や公園で，身近にあるものを使って友だちと遊んだり，動植物，風，光，水などの自然を利用して遊んだりして，自然の不思議さや季節の変化に気付き，自分たちの生活を楽しくすることができるようにする。 ・自分の思いを込めた部屋づくりを通して，季節変化があることに気付いている。 【知識及び技能の基礎】 ・冬と夏では，自然の様子や人の生活，動植物の様子に違いのあることについて自分なりに考えたり，身近な自然やものを利用した遊びを工夫したりして，それを素直に表現している。 【思考力，判断力，表現力等の基礎】 ・冬の自然に関心をもち，冬の自然を利用してみんなで楽しく遊	**1　楽しい冬**　（2時間） ①冬になって自分の身の回りのことで変わってきたことについて話し合う。 ②冬を楽しくすごすための遊びを話し合う。 **2　冬のあそび**　（3時間） ①自分たちで考えた冬の遊びをする。 ○運動場に出て氷さがしをする。 ○氷を使ったペンダントづくりや氷の像を作ったりして遊ぶ。 **3　冬を○○○すごすへやづくり**　（4時間） ①部屋の中で，夏のころから冬にかけて変わってきたことを話し合う。 ②冬を○○○すごすへやづくりをする。 ○「こんな部屋だったらいいな」という設定で自分の思いを部屋づくりにこめてプランニングする。

第3章　生活科カリキュラムのプラン

ぶなどして，楽しく生活しよう
としている。
　　　【学びに向かう力，人間性等】

4　おおきく なってね①　（17時間）	1　あさがおをそだてよう　　　（8時間）
○植物を大切に継続的に育てることを通して，それらの変化や成長の様子に気付くとともに，それらに親しみをもち，適切に世話を続けることができるようにする。	①自分たちが育てる草花や野菜について知る。
	②草花や野菜の種まき，苗植えをして成長への思いや願いを絵や文でかく。
	③どうすればよく育つか，話し合ったり，調べたりする。
・植物や動物が冬をどのようにすごすか自分との比較を通して，自分が大切に世話をした植物が成長することの喜び，世話を続けることの楽しさなどに気付き，それらの違いや特徴が分かっている。　　　【知識及び技能の基礎】	○間引きを行う。子どもの思いでそのまま育ててもよいことにする。
	○追肥を行う。
	○水やりや草ひきの世話を行う。
	・朝の水やりを毎日行う。
	○成長の記録を継続して残す。　（常時活動）
	2　あさがおは友だち　　　　　（3時間）
・植物の変化や成長に合わせて，水や肥料などの世話の仕方を考えて適切に関わり，成長の様子やその特徴をとらえ，それを素直に表現している。	①育ててきた草花の種とりをする。
	○種とりをする。
	○育ててきた野菜を収穫する。
	②来年入学してくる1年生へ種とメッセージのプレゼントをする準備をする。
【思考力，判断力，表現力等の基礎】	○封筒づくりやメッセージを書く。
・草花や野菜をよく見て，変化や成長を楽しみにしながら，関心をもって働きかけようとしている。【学びに向かう力，人間性等】	③どうして，こんなに大きく成長したのかを考える。
	○「栄養」を調べる実験をする。
	④自分が生まれたときと入学したときの身長を紙テープで表してグラフにする。
	3　冬のあさがお　　　　　　　（6時間）
	①元気がなくなってきたあさがおをどうする

77

かを話し合う。
②植物や動物がどのようにして冬をすごすのか話し合ったり，調べたりする。
③球根を植える。
④「こんなたねがあったらいいな」と自分の思いを表現し，発表する。

| 5　成長のあしあと　　（23時間）
第1学年‥‥‥‥‥(15時間) | ※第1学年から第2学年へ継続している大単元である。 |

○自分の成長を実感しながら，喜びを感じるとともに，集めた情報をわかりやすく，見やすくまとめるための図表の書き方・描き方が分かり，身の回りの事象をシンボリックに見ていくことができるようにする。

| (1) こんなことできるよ（6時間）
○自分の成長を実感しながら，家の人と一緒に仕事や趣味のことをする中で，家の人と一緒にしたり，自分の役割が増えたりすることの喜びを感じるとともに，家の人のことや自分でできることなどが分かり，家庭における自分の役割を積極的に果たし，規則正しく健康に気をつけて生活することができるようにする。
・自分ができるようになったことが分かり，自分でできることや役割が増えたことなどが分かっている。【知識及び技能の基礎】 | 1　かぞくってなあに？　　（2時間）
①自分の家族のことを紹介する。
②家の仕事を調べて表を作る。
③両親や自分，兄弟，祖父母などに分けて考える。
2　かぞくのみんなをしょうかいしよう（3時間）
①自分の家族をクッキーの粉で作り，みんなに紹介をする。
②お父さんやお母さん，弟などの顔だけでなく，家にある家族の持ち物なども作る。
③クッキーを焼いて食べたり，家族の人にプレゼントをする。
3　こんな○○○ができるよ　　（1時間）
①自分ができるようになったことを発表する。 |

・目的意識をもってよりよく一つ
　の仕事が成し遂げられるように
　仕事の仕方を工夫したり，試し
　たりしながら，自分でできるこ
　とについて考えている。
　【思考力，判断力，表現力等の基礎】
・家庭での様々な仕事に目を向け，
　調べたり，比較・分類したりす
　ることを通して，自分の役割を
　知り，家庭での生活を楽しくし
　ようとしている。
　　　　【学びに向かう力，人間性等】

（2）2年生へジャンプ　（9時間）
○来年度入学してくる新しい1年
　生を迎えるために，自分の1年
　間の生活やできるようになった
　ことを振り返ったり，新しい1
　年生と関わりを深めたりする中
　で，今の自分との違いを実感し，
　自分自身の成長に気付くととも
　に，2年生への期待感と意欲を
　もつことができるようにする。
・生活の記録や学習の成果を整理
　し，まとめることによって，1
　年間の自らの成長に気付いてい
　る。　　　【知識及び技能の基礎】
・入学以来，1年間の生活や学習
　を振り返って「わたしの10大
　ニュース」をまとめ，絵に描い
　て素直に表現している。

1　わたしの10大ニュース　（5時間）
①生活の記録を整理して，入学してから楽し
　かったベスト10を絵に描いてまとめる。
○生活科のノートや資料，観察記録などを
　ポートフォリオに整理する。
②班毎に1年間の楽しかったことを模造紙に
　描いて発表する。
2　思い出の○○○○　　　　（2時間）
①1年間の思い出や1本の大きな木を描いた
　模造紙に，自分で作った川柳を貼り付けて，
　「思い出の○○○○」を完成する。
②1年間を振り返るとともに，意欲的な学習
　の構えをつくる。
3　こんな2年生になりたいな　（2時間）
①2年生の生活科では，どんなことをしたい
　かを話し合う。
②どんな2年生になりたいかを話し合う。

【思考力，判断力，表現力等の基礎】	
・自分が進級して，新しい1年生を迎えることに関心をもち，2年生への意欲的な学習の構えをつくろうとしている。 【学びに向かう力，人間性等】	

第3節 第2学年生活科カリキュラムデザインのプラン

1 第2学年授業デザインのプラン

　2年生になると子どもは，学校にも慣れて落ち着きが出てくる。新しく入学してきた1年生にとっては，お兄さん，お姉さんになるわけで子どもにも自覚が出てくる。学習に対する構えも1年生とは比べものにならないほど成長してくる。2年生の生活科での対象となる内容は，基本的には1年生の内容の継承と深化を目指すことになる。社会的空間の広がりでは，学校のまわりや近所のお店というように空間的な広がりが出てくる。公共施設との関わりにおいても，より「みんなのもの」という意識が必要となってくる。電車やバスなどの交通機関や駅，駅で働いている人へと学習の対象として意識していくことが必要である。自然との関わりでも，単なる季節変化だけでなく，季節に合わせた昔ながらの地域のお祭りや行事にも目を向け，関わりが深まっていく契機となるような学習が必要である。また，生き物との関わりにおいては，世話をしながら，その生態や成長，変化にも気づくようにならなければならない。遊びと製作活動では，身の回りの自然の材料を使って生活に使うものや，遊びに使えるものを製作していくことが考えられる。自分の成長に関しても，入学してからの1年間だけでなく，生まれてからの自分を対象としていく。このように，内容においては，広がりを考えていきながら，自分自身への気付きも深めていく構成にする必要性がある。

　また，第2学年の生活科では，第3学年以降での他教科や総合的な学習の時間へと，いかに継続・発展させていくかを考慮しておくことが大切である。

社会科では，観察や調査の方法，それに基づく表現活動の充実を，理科では，飼育・栽培や観察での体験が理科へ発展できるように位置づけておくことが必要である。何よりも総合的な学習の時間への発展も考えたい。対象となる内容を総合的に見ていくという視点を生活科は示唆を与えている。子どもがより多面的な見方ができるように構成していきたいものである。第2学年の生活科の内容を三領域に分け，子どもの創造性が培える授業になるような単元構成で生活科授業デザインを提案している。

①学校，家庭及び地域の生活に関する単元

　大単元「ランドマークを見つけよう②」を設定している。「ランドマークを見つけよう②」は，「町たんけん」，「のりものにのって」，「○○○のランドマーク」という三つの単元から構成されている。ランドマークというのは，認知地図における目印のことである。この目印を見つける活動は，創造型生活科授業が目指すシンボリックな見方を育てるための中心単元でもある。第1学年での「ランドマークを見つけよう①」を受けて，第2学年に位置づけている。

　大単元「ランドマークを見つけよう②」の「のりものにのって」の単元では，公共性を意識する内容を組み込んでいる。電車やバスなどの公共の交通機関を利用して，市の中心部にある公共施設へと探検に出かける。さらに，駅で働く人や駅そのものの様子を調べたり，自分が利用しているバス停や電停の比較を通して，「こんなバス停や電停だったらいいな」と創造的に思考する場面の活動を組み込んで構成をしている。

②身近な人々，社会及び自然と関わる活動に関する単元

　「生き物を育てよう」の大単元を位置づけ，さらに，植物と動物を対象とする二つの単元で構成している。植物を対象としては，ミニトマトやキュウリ，サツマイモなどの野菜の栽培を通して，それらの比較から植物に対する関わりを深めている単元「野菜を育てよう」を位置づけている。動物を対象としては，単元「生き物をかってみたいね」で，カタツムリやザリガニ，オタマジャクシ，秋の虫（コオロギ，スズムシ）などを実際に飼育することによってその生態を追究していく。自分と比較をしながら，生き物としての成

81

長への気付きを深めることを目的としている。

　これらの生き物を対象とした単元では，飼育や栽培をする自体が目的ではあるが，その活動を通して，成功や失敗をした理由を考えることによって，生き物に対する適切な「環境」を考えさせることをねらっている。ただ，収穫をして食べる活動だけではなく，収穫に至るプロセスを振り返ることによって，それぞれの生き物の存在意義や命の尊さを考える単元として位置づけている。

　「野菜を育てよう」の単元では，自分が学校で鉢に水やりをするための水やり缶の製作を取り入れている。スチール缶を活用して，針金を利用した取っ手をつけ，自分だけの水やり缶を製作する。また，第2学年では，製作活動そのものに視点をあてた「生きかえる○○○」を設定している。水やり缶も同様であるが，生活科での製作活動の視点は，ただ製作するだけではなく，内容的にも社会的内容や自然的内容を含むことを重視している。つまり，「環境」からの授業デザインの視点である。人々が生活する中で，環境を脅かす身近な問題は，ごみ問題である。人間が排出しているごみが様々な問題を引き起こしている。例えば，音のごみは，騒音であり，空気のごみは，大気汚染であり，酸性雨の問題ともつながる。生活科でも環境を意識した単元を位置づけ，第3学年以降の学習へつなげたい。子どもが身近な素材を活用して製作する活動で，一度使ってごみになっている材料を使ってもう一度生き返らせようというのが，「水やり缶づくり」であり，「生きかえる○○○」である。リユースに視点をあて，自分たちにもできる環境を守る認識の芽を育てたい。また，スカリーノ scalino を使って，ビー玉転がしにも挑戦する[4]。生活科では，一度プランニングしたものを製作して終わりではなく，よりいいもの，より楽しいものに作り替えていく修正の過程を大切にしたい。スカリーノは，子どもが試行錯誤するのにとても適した学習材である。試行錯誤を繰り返して自分の遊びに使うものや生活に使うものを身の回りの材料に加えて，リサイクルやリユースできる素材を生かして製作することを目的としてデザインする。

③自分自身の生活や成長に関する単元

　大単元「成長のあしあと」として，第1学年から発展した形で「成長のア

ルバム」として位置づけている。自分が生まれてから今までの自分を，自分が主人公の一つのアルバムや絵巻物，かべ新聞，紙芝居などにまとめていく活動がある。その中で，生まれたときの自分の身長や体重を調べたり，今の自分と比較することによって，日々成長している自分を感じるとともに，家族の中でいかに自分が愛情を受けて，育ってきたかも感じてほしい。また，「ランドマークを見つけよう」の「○○○のランドマーク」でも自分の成長を対象としている。「ランドマーク」を自分の目印としてとらえ，自分のランドマークを見つけ，友だちのランドマーク，クラスのランドマークなどと発想を広げていく。生活科授業デザインの最終ステージは，「こんな自分だったらいいな」である。自分のこれからの人生において，可能性を信じて，夢のもてるような単元にしたい。

2　第2学年年間デザインのプラン

○単元目標・評価規準	子どもの活動内容・方法
1　2年生もがんばるぞ！ 　　　　　　　　　　　（7時間） ○春の身近な地域の様子や自然を観察したり，新1年生と交流したりする活動を通して，四季の変化や，春を迎えて生活の様子が変わったことに気付くとともに，自分の役割が増えたことが分かり，自分自身の成長を喜び，意欲的に生活することができるようにする。 ・1年間，自分でがんばる目標を立て，意欲的に生活できる構えをつくることや，上級生になって自分たちの役割が増えたことに気付いている。【知識及び技能の基礎】	**1　春を感じて**　　　　（2時間） ①植木鉢やプランター，学習園の整備をする。 ②冬から春に変化してきたことを話し合う。 **2　春の○○○な小物づくり**　（4時間） ①どんな春を感じるかを話し合う。 ②桜の花びらや春の草花を集めて，春をイメージする小物づくりをする。 ③ビニル袋を張り合わせて，こいのぼりづくりをする。 ○こいの概形づくり ○うろこづくり ○目玉，むなびれ，はらびれ，しりびれづくり ○色ぬりと模様づけで仕上げる。 ④こいを泳がせる。 ○屋上から泳がせる。

・春のイメージに合う身近な小物を花びらを使ったり，絵を描いたりするなどして，素直に表現している。 【思考力，判断力，表現力等の基礎】 ・植木鉢やプランター，学習園の土を準備したり，草ひきなどの整備をして，春まきの野菜を植える準備など意欲的に取り組もうとしている。 【学びに向かう力，人間性等】	3　こんな1年間にしたいな　　（1時間） ①2年生になって新しい目標を立て，1年間，生活科でがんばりたいことを発表する。

2　ランドマークを見つけよう② 　　　　　　　　　　　　（36時間）	

○事象に関わる諸情報を集めたり比較・分類する操作を通して，相違点や共通点を明確にするとともに，集めた情報を分かりやすく，見やすくまとめるための図表の書き方・描き方が分かり，身の回りの事象をシンボリックに見ていくことができるようにする。

（1）町たんけん　　（12時間） ○地域で生活したり働いたりしている人々と話したり，一緒に活動したりするなど，繰り返し関わる活動を通して，地域のよさに気付き，地域の人や場所への愛着を深めるとともに，人々と適切に接したり地域で安全に楽しく生活したりすることができるようにする。 ・町にある建物や施設をランドマークとしてとらえ，町をシンボ	**1　たんけんたいレッツゴー**　　（8時間） ①学校のまわりを探検する計画を立て，探検のしかたについて話し合う。 ②探検の準備をする。 ○探検カード ○班のシンボル旗 ○バッジ ○ルートづくり ③学校のまわりの探検に出かける。 ④探検したことを地図に書き込み，探検マップをつくる。 ⑤探検してきたことを班単位で報告会をする。

リックに見ながら，地域に抱いている思いに気付いている。

【知識及び技能の基礎】

・地図や地図模型を作ることで，地図を身近なものとして扱えるとともに一定の視点や目的にそって地図を見たり，情報をとらえたりして，その伝え方を選んだりしている。

【思考力，判断力，表現力等の基礎】

・学校や家のまわりの様子を歩きながら，実地に見たり，人にインタビューをしたりする活動を進んでしようとしている。

【学びに向かう力，人間性等】

2　スーパーマーケットのひみつ　（2時間）

①学校のまわりを「○○○が集まっているところ」という見方でゾーニングをする。

②スーパーマーケットやコンビニ，デパートを比較して同じところや違うところを見つける。

3　こんな町があったらいいな　（2時間）

①ランドマークを配置して，町づくりをする。

（2）のりものにのって　（14時間）

○身近な地域に乗り物に乗って出かけ，地域の人々と関わりをもち，様々な場所やものを調べたり，利用したりして，それらが自分たちの生活を支えていることや楽しくしていることが分かるとともに，地域に親しみをもち，人々と適切に接したり，安全に気をつけて生活することができるようにする。

・乗り物は，目的に合ったはたらきをするように作られており，生活を便利で豊かなものにする役割をもっていることに気付い

1　いろいろなのりもの　（2時間）

①今まで乗ったことがある乗り物を出し合い，どんな乗り物があるかを話し合う。

②乗り物をいろいろな仲間に分ける。

2　のりものにのってでかけよう　（8時間）

①電車やバスの利用の仕方を考える。

②バス停と電停を比べて，共通の施設・設備を見つけ出す。

③広島駅を実際に探検して，安全・衛生，定刻運行，快適サービスなどの工夫を見つける。

④広島市にある公共施設に，乗り物に乗って出かける計画を立てる。

⑤公共施設見学をして，楽しかったことを整理してまとめ，紹介をする。

ている。【知識及び技能の基礎】 ・乗り物を利用して公共施設に出かけることによって乗り物の利便性や公共施設の役割について考え，それらの活動を振り返って素直に表現している。 【思考力，判断力，表現力等の基礎】 ・身近な地域の人々や様々な場所に関心をもち，ルールやマナーを守り，生活の中で役立っているいろいろな乗り物を見たり，調べたりしようとしている。 【学びに向かう力，人間性等】	3　ひろしまってこんな町　　（4時間） ①乗り物を利用して探検した町のレポートをする。 ②班ごとに発表をする。 ③プラレールを使って広島の町づくりをする。 
（3）○○○のランドマーク(10時間) ○地域の人と繰り返し関わったことや，その関わりを通して分かったことなど，自分にとって心に残った出来事を，伝えたいことに応じて適切な方法で表現し，身近な人々と関わることの楽しさが分かるとともに，地域の人々と進んで交流することができるようにする。 ・これからの自分について前向きに取り組んだり，可能性を信じたりしている自分に気付いている。　　　【知識及び技能の基礎】 ・身の回りの社会や自然事象をシンボリックにとらえることができるように，様々な○○○のラ	1　広島のランドマークを見つけよう（4時間） ①広島市にある建物や施設を出し合う。 ②建物や施設を分類しながら，広島市をゾーニングする。 2　友だちや自分のいいところ　（2時間） ①友だちや自分のランドマークを見つける。 ②自分の家族やクラスのランドマークを見つける。 3　こんな自分だったらいいな　（4時間） ①自分のランドマークを考えながら，「こんな自分だったらいいな」とこれからの自分について考える。

ンドマークについて考え，分かりやすい伝え方を工夫しながら交流をしている。
【思考力，判断力，表現力等の基礎】
・地域で関わった人々に感謝の気持ちをもち，これからの成長への願いをもって，意欲的に生活しようとしている。
【学びに向かう力，人間性等】

3　おおきく なってね②　（37時間）

○野菜や生き物を育てることによって「生きているもの」にある命の存在に関心をもち，人間にも，動物にも，植物にも同じように関わるとともに，集めた情報をわかりやすく，見やすくまとめるための図表の書き方・描き方が分かるとともに，身の回りの事象をシンボリックに見ていくことができるようにする。

| （1）野菜を育てよう　（20時間）
○身近な植物の栽培に関心をもち，世話の仕方を自分で調べたり，人に聞いたりしながら，大切に世話をする中で，それらに生命があることや成長していることなどに気付くとともに，植物に愛着をもち，継続的に育てることができるようにする。
・野菜や生き物を育てることによって「生きているもの」にある命の存在を知り，主体的に関わりながら，親しみをもって接することで，上手に世話ができるようになったことに気付いて | 1　たねまきをしよう　（10時間）
①野菜には，どんな種類があるかを調べる。
②自分が育てたい野菜を決め，種まきをする。
○個人では鉢に育てられそうな野菜の種や苗を植える。
○学習園を活用して，サツマイモのつるを植える。
③水やりをするための水やり缶を空き缶を活用して作る。
○スチール缶，針金，くぎの準備をする。
④水やりや草引きなどの世話を継続して行い，成長の記録を残す。　　　（常時活動）
⑤どうすればよく育つか話し合ったり，調べたりする。
2　生き物くらべ　　　　　　（4時間）
①知っている生き物をあげ，動物と植物に分 |

いる。　【知識及び技能の基礎】

・自分で育てたい野菜を決めたり，どのように育てればよいかを考えたり，調べたりして，素直に表現している。

【思考力，判断力，表現力等の基礎】

・自分たちが育てた野菜の収穫を楽しみにしながら，継続的に世話をしようとしている。

【学びに向かう力，人間性等】

類して，共通点を引き出す。

②自分と比べ，自分の成長のあとを見つける。

3　こんなおいもを食べたいな　（6時間）

①育ててきた野菜を収穫する。

②野菜を食べる計画を立てる。

○「こんな調理方法で食べたい」という計画を立てる。

③収穫したサツマイモを調理して食べる。

○おいもパーティーを開く。

（2）生き物をかってみたいね

（17時間）

○生き物を採集したり，飼育や観察をしたりすることに関心をもち，それらの育つ場所，種類による世話の仕方の違い，変化や成長の様子，自分たちと同じように生命をもっていることなどに気付くとともに，生き物への親しみをもち，大切に飼育を続けたり，自分たちが育てた生き物のことを他者に伝えたりすることができるようにする。

・生き物の変化や成長の様子や，生き物が自分たちと同じように生命をもっていることに気付くとともに，生き物に親しみをもって上手に世話ができるようになった自分に気付いている。

【知識及び技能の基礎】

1　○○○と友だちになろう　（6時間）

①自分が飼ってみたい生き物について話し合う。

②自分たちの身近にいるオタマジャクシやカタツムリ，ザリガニについて気付きを深める。

○実際に，「○○○と遊ぼう」という場を設定して，生き物の生態について話し合う。

○生き物のすみかや遊び場づくりをして，生き物についての快適な環境について考える。

③継続して世話をしながら，調べる。

2　秋の虫をさがそう　（6時間）

①秋になってよく見かける生き物について話し合う。

②学校の「思い出の森」で秋の虫さがしをする。

3　こんなたまごがあったらいいな（5時間）

①今まで学習してきた生き物を振り返りながら，それぞれの特徴を考える。

②「こんなたまごがあったらいいな」という設定で，自分の生き物に対する思いを表現する。

第3章　生活科カリキュラムのプラン

・やさしく動物に接し，より大切に育てるために，その仲間を集めたり，比べたり，遊んだりしながら，それぞれの特徴をとらえ，育てる方法を考え，それを素直に表現している。
【思考力，判断力，表現力等の基礎】
・身の回りの自然に触れたり，動物を見たり，世話をしたりしようとしている。
【学びに向かう力，人間性等】

| 4　冬のくらし　　　　（6時間） | 1　夏と冬のちがい　　　　（2時間） |

4　冬のくらし　　　　（6時間）
○自分たちの住む町の人々のくらしや自然の様子を調べて分かったことや，自分にとって心に残った出来事を新聞やポスター，パンフレットなど伝えたいことに応じた適切な方法を選択して表現し，友だちや地域の身近な人々と伝え合う活動を行うことを通して，身近な人々と関わることの楽しさが分かるとともに，地域の人々と進んで交流することができるようにする。
・自分たちの住む町の人々のくらしや自然の様子を調べたりして，自然や人々と自分の生活は深く関わりがあることに気付いている。
【知識及び技能の基礎】

1　夏と冬のちがい　　　　（2時間）
①夏と冬で変わるものを考える。
②衣・食・住を視点に夏と冬を比べる。
2　冬のデパート　　　　（2時間）
①新聞広告を活用しながら，夏のデパートづくりをする。
②夏のデパートから冬のデパートに変化させる。
3　こんな冬だったらいいな　　（2時間）
①冬の健康や安全について考える。
○冬の衣服や風邪の予防，冬の健康づくりについて考える。

89

・夏と冬の自然の様子や人々の生活や動植物の様子の違いを考え，それを素直に表現している。

【思考力，判断力，表現力等の基礎】

・夏と冬を比較して分かったことを友だちや地域の人々と伝え合い，自分の生活を楽しくしようとしている。

【学びに向かう力，人間性等】

5　生きかえる○○○　（11時間） ○身近な素材を使って，おもちゃや飾りを工夫してつくったり，遊び方を工夫したりして，遊びのおもしろさや自然の不思議さに気付き，安全に気をつけて，みんなで遊びを楽しむことができるようにする。 ・身近な素材や廃品を活用して，動くしくみのおもしろさやみんなで遊ぶことの楽しさに気付いている。　【知識及び技能の基礎】 ・「おもちゃ」の動くしくみを考えたり，自ら動かして確かめたり試したりして，みんなが楽しく遊べるように遊びのルールやマナーを考えたりしながら，みんなで楽しく遊んでいる。 【思考力，判断力，表現力等の基礎】 ・身近な素材を利用して，自ら創意工夫し，操作的にイメージし	**1　リユースってなに？**　（2時間） ①リユースという言葉を知る。 ○リサイクルやリユース，リデュースなどの言葉の意味について考える。 ②リユースできるものを考える。 **2　リユースで生きかえらせよう**　（7時間） ①空き缶やびん，トレイなどを使って，風を使って遊べるおもちゃづくりをする。 ②スカリーノ scalino（ビー玉転がし）を使って遊ぶ。 ○身の回りにある材料を持ち込んでどれだけ長くビー玉が転がるかを競争する。 ③何度も試行錯誤を繰り返して，自分にとってより楽しいおもちゃを作る。 ④自分たちの作ったおもちゃの分類をする。 ⑤分類した部門ごとにスピードやデザインのコンテストをする。 **3　こんな○○○だったらできるよ**（2時間） ①ごみ問題に対して，自分がやってみようと思うことを話し合う。

第3章　生活科カリキュラムのプラン

ながら「おもちゃ」を作ることに関心をもち，みんなで楽しく遊ぼうとしている。 　　　【学びに向かう力，人間性等】	
6　成長のあしあと　　（23時間） 　　第2学年・・・・・・・・・（15時間）	※第1学年から第2学年へ継続している大単元である。

○自分の成長を実感しながら，何事にも前向きに取り組むとともに，集めた情報をわかりやすく，見やすくまとめるための図表の書き方・描き方が分かり，身の回りの事象をシンボリックに見ていくことができるようにする。

（1）成長のアルバム　（8時間） ○自分自身の成長に関心をもち，これまでのことを振り返ることを通して，自分が大きくなったこと，できるようになったことや役割が増えたことなどを実感し，それらには，多くの人々の支えがあったことに気付くとともに，これまでの生活や成長を支えてくれた人々に感謝の気持ちをもち，その気持ちを伝えるとともに，これからの自分自身の成長に願いをもち，自信をもって意欲的に生活することができるようにする。 ・多くの人の支えにより自分が大きくなったこと，自分でできるようになったこと，役割が増えたことなどが分かり，自分のよさや可能性に気付いている。 　　　　【知識及び技能の基礎】	1　生まれてからの自分　　（2時間） ①生まれてから現在までの自分について，家族にインタビューをしたり，写真を集めたりする。 ②生まれたときの体重や身長を現在の記録と比べる。 2　自分が主人公の○○○　（4時間） ①家族の人にインタビューしたり，写真を集めたりしたものを整理する。 ②成長した自分を巻物やアルバム，紙芝居などに表現してまとめる。 3　こんな自分だったらいいな　（2時間） ①自分のランドマーク見つけと関連させて「こんな自分だったらいいな」と考える。 ②生活科で学習したことを振り返り，3年生への思いを発表する。

91

・今までの自分の成長を振り返り楽しかったことや身についたことを考え、自分のことや支えてくれた人々について考えている。
【思考力、判断力、表現力等の基礎】
・これまでの生活や成長を支えてくれた人々に感謝の気持ちをもち、学習資料や観察記録などを整理し3年生からの学習への意欲的な構えをもって生活しようとしている。
【学びに向かう力、人間性等】

【註】

(1) 学習内容は、学習指導要領で示されている三つの内容である①学校、家庭及び地域の生活に関する内容②身近な人々、社会及び自然に関わる活動に関する内容③自分自身の生活や成長に関する内容を、①ランドマークを見つけよう②おおきくなってね③成長のあしあとの三系統に分けて、それぞれ2年間をつなげて単元をデザインしている。

(2) ホリスティックな学びに関しては、主に次の文献を参照した。日本ホリスティック教育協会編『対話がつむぐホリスティックな教育』創成社、2017年。

(3) ピアジェJean Piagetは、具体的な目に見えるものに対して論理的な思考が可能になる年齢段階を「具体的操作期」とよんでいる。その前段階を「前操作期」といい、幼稚園から小学校低学年でその段階からの移行が行われると考えている。またピアジェは、自己中心性の特徴として、記号的機能をあげている。記号的機能とは、目の前で知覚しない事物を代理物で想起して思考することで、次の五つに区分している。

①延期模倣　過去に体験したことや、以前観察した手本をまねること。
②象徴遊び（ごっこ遊び）　ある物を他のものや、自分の動作と代理させること。

③描画（線画）　絵を描くこと。

④心像（イメージ）　過去の経験や記憶などから，具体的に心の中に思い浮かべ
　たもの。

⑤言語的想起　音声や文字によって，人の意志・思想・感情などの情報を思い
　起こすこと。

　これら延期模倣などが行われることで，感覚運動の世界から抜け出す。ある
行為がその行為が行われた状況から切り離される。つまり記号の機能化が行わ
れるようになり，心像として表象され，思考が発生し始めるとされている。

(4) スカリーノ scalino とは，スイスのスカリーノ社の積み木の玩具である。積み木
感覚で思うままにパーツを積み上げて，自分だけの玉の道を作り，ビー玉を転
がす遊びである。想像力次第でどこまでも複雑にできるため，夢中で遊べるツー
ルである。

第**4**章　生活科授業デザインの事例

第**1**節　第1学年の生活科授業デザインの事例

1　単元「がっこう　たんけん」の授業デザイン

（1）授業デザインのエッセンス

　希望に胸を膨らませ入学してきた1年生。子どもは，学校のどんなことに期待し，どんなことをおもしろがるのだろう。学校という子どもにとって一番身近であるが，未知な存在を中心に生活科はスタートする。小さい子どもが，母親のあたたかい目に守られて安心するように，入学当初の子どもにとって，学校の中で，頼りになるのは，担任の教師である。子どもと教師の毎日のコミュニケーションから学校生活は始まる。挨拶をする習慣をつけ，時間になったら座席について学習の構えをつくることや，机やロッカー，トイレなどみんなで使う物の使い方のルールを一つ一つ決めていくことから学習はスタートする。

　入学をするとすぐに学校探検という名のもとに，「学校めぐり」をする。その一般的な方法は，担任の教師が，予め決めておいたお決まりのコースを順番に巡っているのが多い。これは，「学校を概観させる」というねらいがあるが，子どもの意識を変革する上ではあまり意味はない。

　この学校探検を子どもにとって夢のある単元として確立するために，創造性を培う授業に変革をする。4月当初に学校にあるものを見つけたり，確認したりするだけで終わらず，学校探検を3回の小単元に分割し，1年間を通して学校に対する関わりを深める授業デザインにする。入学当初の学校探検①小単元「みんなともだち」では，自分のクラスの友だちと仲良くなるための名刺づくりや自己紹介ゲームによって交流を深め，積極的に友だちづくりから始める。さらに，教室配置図によって自分たちが利用する教室や特別教室などの事実確認をしておく。学校探検②小単元「がっこうのひみつ」では，学校にも慣れてきたところで，校内マップづくりを目指して学校探検ができ

第4章　生活科授業デザインの事例

るようにする。その方法は,オリエンテーリング形式を取り入れる。子どもは,学校の秘密や場所をあてるクイズを作り,「学校」との関わりを深めていけるようにする。そして,学校探検③小単元「こんな学校だったらいいな」を設定して,学校にある教室や売店などの施設・設備について「○○○は,ここにあるもの」という固定観念を崩していく。校内を自然や運動,学習ゾーンなどに分類した後で,「こんな○○だったらいいな」と運動場や教室などをトータル・プランニングする授業デザインである。年度当初の学校を知るためだけの学校探検に終わらず,1年間を通して学校探検を位置づけるところがポイントである。

（2）授業デザインの組み立て
①単元名「がっこう　たんけん」
②単元の目標

> ○友だちと一緒に校舎内や校庭を歩いたり,通学路の様子を調べたりして,学校の施設や学校生活を支えている人々や自分たちの安全を守っている人々のことが分かり,楽しく安心して遊びや生活ができるようにする。

③単元の計画（全21時間）
第1次　みんなともだち ……………………………… 4
第2次　がっこうのひみつ ……………………………… 11
第3次　こんながっこうだったらいいな ……………… 6

子 ど も の 活 動	教 師 の 関 わ り
1　みんなともだち　　　　（4時間） （1）自己紹介をしたり,生まれ月ごとに集まったりして友だちを見つける。	○自己紹介やゲームを通してクラスの中で仲良く話し合ったり,関わり合ったりする場を設定する。

95

（2）自分の名刺を作り，自己紹介ゲームをして名刺集めをする。

○国語科単元「どうぞよろしく」（光村図書）と関連づけて，自分を紹介する名刺を作る。

○「100人のサイン・メッセージをもらおう！」の活動をする。

（3）教室を中心に，自分たちが利用する施設について話し合う。

○名刺サイズの紙にクラス名と名前を書き，自己紹介とじゃんけんゲームを組み合わせて，名刺交換ゲームをさせる。友だちの名刺を集めたらノートに貼って，保管をしておくように指示する。

○学校の教室配置図を準備しておき位置の確認をしながら進められるようにする。

・学校でよく利用する教室を地図の中で位置づけられるようにする。

・教室の展開図を準備しておき，床や壁にあるものを描き入れる。

2　がっこうのひみつ　　　（11時間）

（1）校内地図づくりを目指して，校舎内外を探検する。

○校内の施設・設備

　・1階〜3階の各教室・特別教室

　・講堂，運動場の遊具など

○校内の自然環境

　・生き物探し

　・草花探し

（2）どんなものを校内で見つけたかを発表して校内の大地図づくりをする。

（3）オリエンテーリング形式で，学校探検を繰り返す。

○他のクラスの授業の迷惑にならないように会話や歩行に注意する。

○決めた時間内に教室に帰れるようにタイマー（時間だよ一郎）を各班に準備して配布し，時間を決めて探検できるようにする。

○1階，2階，3階，運動場など探検できる時間を十分に確保し，見つけたことについて，グループごとに発表できるようにする。

○どんなものが，どこにあったのかを地図上で確認しながら，地図づくりができるようにする。

○あらかじめ答えとなるカードを校内に配置しておき，場所をあてるクイズ形式にして校内オリエンテーリングができるようにする。

第4章　生活科授業デザインの事例

	○オリエンテーリングのやり方がわかったら，自分たちで問題を作成して校内オリエンテーリングができるようにする。
3　こんながっこうだったらいいな 　　　　　　　　　　　　（6時間） （1）学校にある教室や売店などの施設・設備の場所について，この場所でいいかを話し合う。	○子どもたちが，「○○は，そこにあるもの」という固定観念を覆すような発問でゆさぶる。 ・このイラストはどこの部屋？どうして保健室だとわかるの？ ・ピアノは音楽室だけにあるの？ ・売店の場所はここでいいかな？
（2）学校内をゾーニングする。	○遊具や施設カードを準備しておき校内を自由にゾーニングさせるために，校内配置図を配布しておき自由に書き込めるようにする。
（3）「こんな○○○だったらいいな」という設定で自分たちの思いを出し合い，遊具や施設カードを配置して自由にプランニングする。	○校内を自然や運動，学習ゾーンなどに分類した後で，自分がその中から「こんな○○○だったらいいな」とプランニングをさせて，学校に対して夢がもてるようにする。

（3）授業展開の概要

①みんなともだち（4時間）

　入学して間もない子どもは，クラス内での友だちづくりや先生との関わりが大切な活動である。自己紹介をしたり，生まれ月ごとに集まったりして楽しく遊ぶ。そして，自分の名刺を作る。子どもは，クラス名と名前を書いたカードを一人10枚作る。名前を書くのもたいへんであるが，自分だけの名刺をつくる。名刺ができると，自己紹介ゲームをする。「こんにちは。ぼくは，1年○組の○○　○○です。よろしくおねがいします。あく手をしてください」握手をしたら，「じゃんけんぽん」をして勝った人は，相手から名刺を

97

もらう。そして，次の相手を探す。名刺がなくなったら，次は，生活科ノートを持って，自己紹介とじゃんけんをして勝ったら，ノートにサインをしてもらう活動を繰り返す。なぜ，じゃんけんをするのか。

　それは，じゃんけんをすることで，他者の存在を知るためである。じゃんけんは，人によってやり方が違うし，手を出すタイミングも様々である。うまくじゃんけんをするには，やり方を統一して，相手とタイミングを合わせなければならない。だから，あえてじゃんけんの活動を取り入れる。この活動は，「100人のサイン・メッセージをもらおう！」という活動に発展していく。全校中に1年生が生活科ノートを持って，「サインをしてください，メッセージをお願いします」という活動が始まる。

資料1　自分だけの名刺の例

　入学当初は，字が書けない子もいるが，自分の名前を書く練習にもなる。このお互いにサインをすることで，クラスの友だちとのコミュニケーションの輪を広げていく。教室中に広げたサインに満足できなくて，となりのクラスや上級生，他の研究室の先生へと広げていく。そのうちに，家族や，登下校の途中で出会う人にも広がっていく。その時，相手とのコミュニケーションの中で，相手の人柄や，人間性，自分が生活している社会を見ていくことになる。「電車の中で外国人に勇気を出してサインをもらったよ。鼻が高くて驚いたけど，言葉が通じてうれしかったよ」というようなユニークな報告も出てくる。これが，本当の学校めぐりになっていく。一人一人が学校めぐりをすると，何らかの発見をし，問題をとらえてくる。この体験の積み重ね（反復性）から，学校探検の授業へとつなげていく。子どもが，研究室や特別教

室を訪ねたら，適切に対応してもらうことをお願いしておき，学校探検をする際に注意しなければいけないことを話し合う。

さらに，校内の教室や給食室については，中に入らず，外から室内を見せてもらうことにする。この段階では，自分たちがよく利用する教室，特別教室，講堂，売店，玄関，事務室などの位置関係をしっかり校内配置図を使って確認する程度にして，自由にサインやメッセージをもらいながら，自分で探検ができるようにする。

②がっこうのひみつ

9月になると，子どもは，学校にも慣れ，自分の教室以外の特別教室や先生方の研究室にも自分一人で行けるようになっている。ここから，本当の学校探検が始まると言ってもよい。未知なものを知るための活動ではなく，「もうわかっているよ」という意識を「なぜ？どうして？」という学校のひみつを探っていく。

まず，校内地図づくりを目指して，学校探検を行う。学校探検は，1階から2階，3階，運動場，講堂と順番に行う。校内配置図とカードを持って探検に出かけていく。1年生にとって，校舎のどこに何があるのかは，入学当初は，その位置関係が困難である。校内配置図を配布されても，自分の教室がどこにあるのかもわからない子もいる。しかし，この頃になると，子どもは，自信をもった活動ができる。目印となるものを見つけて，そこからスタートしていく。目印になるものは，階段とトイレが目印である。この「目印を見つける」ということが重要である。この目印を見つけられるという自信をこの段階でつけておきたい。

③こんながっこうだったらいいな

子どもは，これまでに見つけたものを大地図に貼る活動や校内オリエンテーリングの活動を通して，位置認識が高まっている。ただ，そこにあがってくるものは，単なる事実の集まりであり，なぜそこに，その物があるのかは問われない。「保健室を見つけた，売店の前で自動販売機を見つけた」でも，通常は，何のために，そこにあるのかということは話し合われない。創造性を培う授業にするためには，情報交換の中で，事物・事象の意味を考える場を設定しておく。

次の授業記録は，「売店を移動していいかな？」の授業記録の一部である。

―――――――「売店を移動していいかな？」の場面―――――――

T　売店は，この地図でどこにあるかわかる？

C　わかるよ。簡単，簡単。鳥小屋の横だよ。

C　校門から左に行くと売店がある。

T　みんな学校探検での売店での気付きはないかな？

C　売店の前に自動販売機があった。

C　お兄さんやお姉さんが買い物をしていた。

C　中・高の人もいたよ。

C　ぼくのお母さんもよく売店で買い物をしてくれる。

C　普通の家みたいな建物です。

C　やさしそうなおばさんが2人いました。

C　おじさんもいたよ。

C　ノートの種類がいっぱいでびっくりした。

C　学校で使う物がほとんどあったな。

T　この売店が1年生の教室の前にあると便利だと思うけど，どうかな？

C　いいよ。でも，‥‥。だめ。だめ。

C　運動場が狭くなるし，ボールでガラスが割れるよ。

C　買いに行くのに不便だよ。

T　どうして？教室の前にある方がいいじゃない。

C　だめだめ。わざわざ講堂の横を通って運動場も通らないといけない
　　から，みんなめんどうだよ。

C　それに，3年生より上の人は，売店の方を通ってくつばこに行くで
　　しょ。だから，今の所の方が便利だよ。

C　運動場が狭くなるから絶対だめ。

C　売店は，学校の帰りに買うので，校門の近くの方が便利だよ。

C　売店は，中・高のお兄さんが利用することが多いからそこだと不便
　　だよ。

C　売店で物を買うでしょ，そうするとごみが出てくる。運動場が汚れ

第 4 章　生活科授業デザインの事例

> 　てしまうからだめ。
> T　なるほどね。それでは，屋上はどうだい？
> C　余計に不便だよ。わざわざ上に行くなんて。
> C　今あるところだと，朝や帰る時にちょうどいい場所にあるので絶対
> 　あそこがいい。
> C　売店も考えて場所を決めていると思う。
> C　そりゃそうだ。考えないと売れないよ。
> C　お母さんが買いに来るとき，わざわざ運動場まで来ないでも買える
> 　から便利だと言ってたよ。
> C　運動場だと車で行ったら危ないよ。（以下　略）

　1 年生の子どもの発達段階は，自己中心性の特徴があるので，他者の存在を意識していないところをゆさぶる。「自分たちの教室の近くに売店があればいい」と提案する。でも，子どもは，話し合う中で，他学年の子どもや中高生，保護者などの存在を意識していることがわかる。売店は，自分たちだけが利用するものではないというスクリプトを引き出している。

　各教室や特別教室，遊具や花壇，売店などの位置関係がわかってくると，校内配置図をいくつかのブロックに分け，「○○ゾーン」と命名していく。ここは，花壇や木が多いので，「しぜんまんきつゾーン」，遊具が集まっている所は，「あそびだいすきゾーン」。運動場は，そのものずばり「うんどうゾーン」と命名する。見つけたことの報告だけに終わらず，ゾーニングをする活動によって，各ゾーンの意味や存在意義を考えていく。

　学校の中をゾーンという見方で仲間分けができると，「こんな○○○だったらいいな」と自由に学校内を設計する場を設定する。

　子どもは，運動場を対象にする子が多く，遊園地や公園のような運動場が登場するが，ゾーニングを意識しながら，プランニングができる子どもは，運動場を遊具やアスレチックの場所を一カ所に集めたり，水飲み場を校舎側に増設したり，プールを講堂の横に移動したりしてうまくプランニングする。中には，教室のすぐ横に鳥小屋を持ってきて，毎日，自分たちが世話をしたいという子どももいる。

101

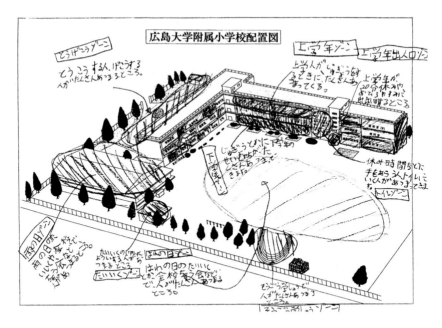

資料２　学校ゾーニング（校内配置図に書き込んでいる例）

（４）単元「がっこう　たんけん」の授業デザインの考察

　学校探検の授業は，入学当初に，学校にある教室や施設・設備を概観して終わる場合がほとんどである。本単元は，１年間をかけて学校探検の活動を位置づけている。１年生の生活科は，すべてが「学校探検」と位置づけてもよい。つまり，生き物に関わる活動や自然，遊び，製作もすべて学校探検である。また，国語科の授業では，「どうぞよろしく」，「あいうえおのうた」，「たんけんしたよ　みつけたよ」（光村図書）など，すべて生活科授業と関連した単元で構成されている。毎日，国語科の学習を進めながら，生活科の授業もしているというわけである。

　第１次「みんなともだち」で位置づけている「100人のサイン・メッセージをもらおう！」の活動は，１年生が終わるころになっても続ける子がいる。400人，500人とサインをもらい続けている。自由帳と鉛筆をもって，休憩時間や昼休みに運動場，校舎内を歩き回る１年生の姿。そんな活動が自然に

第4章　生活科授業デザインの事例

展開されている。まさに，これが生活科そのものである。

　子どもが考えたゾーンは，次の三つに分類することができる。

1　社会環境ゾーン

　○　校舎ゾーン

　　・　教室，ろうか，特別教室，保健室・トイレなど

　○　運動，遊びゾーン

　　・　運動場，講堂，遊具，遊び場，体育倉庫など

　○　購買活動ゾーン

　　・　売店，自動販売機など

2　自然環境ゾーン

　　・　樹木，花壇，畑，飼育小屋，池，思い出の森

3　自分の願いゾーン

　○　遊び・休憩ゾーン　　　○　学習ゾーン　　　○　活動・作業ゾーン

　学校という空間で，三つの分類の視点をどれだけ子どもが意識できているかは別として，この段階では，子どもが自分の基準で，仲間分けができ，その仲間分けをした基準を自分の言葉で，説明することが大切である。今回のゾーニングでは，運動場が，遊ぶだけの空間だけでなく，体育科の授業や総合学習，学校行事など様々な場面で学校のみんなのために活用されていることがわかる。自分なりに「わかることがわかる」というメタ認知がもてると，「○○○ゾーン」としてネーミングする段階で，子どもは，意欲的に自分の意見を主張する。その結果，鉄棒やジャングルジム，シーソーなどの遊具などが，運動場を囲むように配置されている事実や，限られた運動場のスペースを有効に使って運動場が，プランニングがされていることも子どもなりに気付くことができるようになる。入学したときに，学校探検をして学校を概観するだけで学校探検が終わるのではなく，年間を通して，学校探検の場を設定することにより，探検をもう一度振り返ったり，必要ならば，何回も目的をもって探検するなどの構成を可能にすることができる。学校探検は，子どもが，その後の学習を自信をもって取り組んでいける契機になっている。

103

学校探検によって，子どもの学校に対する思いが少しずつ表出されてくる授業デザインとなっている。

2　単元「公園へ行こう」の授業デザイン

（1）授業デザインのエッセンス

　公園 public park とは，安全で健康で利便性があり，地域住民が，快適な生活を営むために必要な公共施設である。国や地方自治体は，都市，地域の基盤整備のために必要な施設として位置づけている。また，公園は，市民が，憩いまたは遊びを楽しむために公開された場所であり，対象となる場所は，目的にそって整備されるが，基本的には元々の自然状態を保ちながら整備されている。

　公園は，その目的に応じて，次のように定義されている。

・市街地の一区画に草木を植え，噴水を設置する等して憩いの場としたもの。
・市街地の一角に，子どもの遊具を設置し，遊び場として整備したもの。
・都市または地域の中枢に位置し，都市または地域住民全員の利用を対象として整備された緑地，広場。
・城跡などの史跡を活用したり，運動公園を配しているもの。
・動物，植物などを自然に近い状態で人に見せるためのもの。
・自然の景観や動植物，地形などを保護するために指定された地域のこと。

　このように，都市公園は，住民の利用に供する身近なものから広域的な利用に供するものまで，様々な規模，種類のものがある。その機能，目的，利用対象によって，大きく七つに分類できる[1]。

　公園というのは，主に市街地やその周辺に設けられ，市民が休息したり，散歩したりできる公共の庭園である。公園内には，鑑賞やリクレーションのために樹木が植えてあったり，噴水や人工的に花壇などを整えたりしている。子どもにとっては，身近で，楽しい公共施設である。ブランコやすべり台，ジャングルジムなどの楽しい遊具や，広場や砂場などの自由な空間を有する公園は，子どもにとって，出かけて行って遊びたいと人気を集める理由である。この夢のある公園を，公園で遊ぶだけの体験で終わらないで，子どもにとって夢のある学習材としたい。

第4章　生活科授業デザインの事例

表4　公園の分類

種　　　　類			内　　　　容
①基幹公園	住区公園	街区公園（児童公園）	街区に居住する者が利用する。誘致距離250m 0.25haを標準。
		近隣公園	近隣に居住する者が利用する。誘致距離500m 2haを標準。
		地区公園	徒歩圏内に居住する者が利用する。誘致距離1km 4haを標準。
	都市公園	総合公園	休息, 観賞, 散歩, 遊戯, 運動等総合的な利用。10 ～ 50haが標準。
		運動公園	都市規模に応じて15 ～ 75haを標準。
②大規模公園	広域公園		市町村の区域を超える。50ha以上。
	レクリエーション公園		自然環境良好な地域を主体。1,000haを標準。
③特殊公園	風致公園		自然の風景などのおもむき, 味わいを供する目的。
	動植物公園		動物や植物の調査や保護, 教育, 娯楽などを目的。
	歴史公園		文化遺産・史跡の保護維持と歴史継承を目的。
	墓地		墓地の機能, 緑の中での散歩, 散策, 休息等の機能。
④国営公園			都府県の区域を超える広域利用。300ha以上。
⑤緑地	緩衝緑地		公害, 災害発生源地域と住居・商業地域と分離。
	都市緑地		都市の自然的環境の保全, 改善, 都市景観の向上。
	緑道		災害時の避難路の確保。都市生活の安全性と快適性。
⑥都市林			自然的環境の保護, 保全, 自然的環境の復元。
⑦広場公園			休養施設, 都市景観向上に資する修景施設。

公園の一番の利点は，何よりも子どもの身近にある公共施設であるということである。学校の近くにも誰でもすぐに利用できる公園があり，自分の住んでいる家の近くには，必ず，大小を問わず公園は設置されている。この公園は，何度でも自由に利用可能である。さらに，公園には，樹木や花などの自然，公共のトイレや遊具施設などがあり，老若男女を問わず様々な人が，利用していることがわかる施設である。

　　「こうえんの1日」　　　　　　　　　　　　　　　　　まさる
　ぼくは，生かつかのじかんにこうえんへいきました。そのときに，こうえんには，いろいろな人がいるのでびっくりしました。ぼくのマンションは，千田こうえんがちかくにあるのでよく見えます。あさは，ジョギングをする人やたいそうをしている人やさんぽをする人がいます。あさ10じになったら，こどもやおかあさんやおとうさんがきます。そして，にぎやかになってゆうがたになったらかえる人がいます。ひるまは，すごくたのしいのに，くらくなるとこわいです。ぼくは，こうえんはあそぶためだけのものではないとおもいました。

　公園の学習は，春と秋に位置づけている。それは，公共性の学習だけでなく，季節変化の学習を組み込んでいる。さらに，春から秋にかけて成長した自分を知ることにもつながる。M君は，春，生活科で公園の学習が始まり，自分でも何度も意識して公園で遊んだり，公園を観察できるようになっている。秋の頃には，公園は，子どもが遊ぶためだけの施設だけではなく，「みんなが利用する」という公共性にも気付きながら，時間の経過による人の動きや，周りの様子の変化，自分の思いなどにも目が向けられている。このように身の回りの事象を見る目を生活科の授業で培うことが必要である。公園を学習材として，施設や設備に関わりながら遊ぶ中で，ルールやマナーを学ぶだけでなく，この公園を対象として，公園にある植木や花壇などの自然に関わり，季節変化を知り，そして，何よりも「公園」がもつ，限られた空間であるが故に，子どもの発想を創造していく活動を中心に位置づけることが可能である。施設の目的や存在意義を考えながら，公共性という「みんなの

第4章　生活科授業デザインの事例

こと」を考えながら，「こんな公園あったらいいな」の設定によって，子ども
もの思いが公園設計に反映できる授業デザインになっている。

（2）授業デザインの組み立て
①単元名　「公園へ行こう」
②単元の目標

> ○近くの公園へ行き，安全に気をつけて遊ぶ活動を通して，公園（公共
> 施設）やそこにある公共物は，みんなで使うものであることやそれら
> を支えている人々がいることが分かり，大切に使ったり，安全に気を
> つけて正しく利用したりすることができるようにする。

③単元の計画（全12時間）
第1次　春を見つけたよ ……………………………… 6
第2次　公園で遊ぼう ………………………………… 3
第3次　こんな公園あったらいいな ………………… 3

子　ど　も　の　活　動	教　師　の　関　わ　り
1　春を見つけたよ　　　（6時間） （1）学校の近くにある公園に行き，自由に楽しく遊ぶ。	○自分がよく利用している近所の公園での遊びや施設を思い出して，学校の近くの公園で遊ぶときと，比べて共通点や相違点を意識できるようにする。
（2）公園で友だちと仲良く遊ぶ中で，公園にある春を見つける。	○公園の施設を利用するだけでなく公園内にある自然に関われるように示唆する。
（3）公園で遊んだことを思い出して，春の公園地図を作る。 ○「春の公園」というテーマで地図づくりをする。	○施設・設備を絵にしたり，配置を確認したりできるように，施設・設備カードを準備して地図づくりができるようにする。また，春をイメージ

107

	させて地図づくりができるように指示する。
2　公園で遊ぼう　　　　　（3時間） （1）公園で遊びながら，自分の宝物を探す。 （2）公園の木の葉や草花が赤く色づいたり，枯れたりしてきたことを絵地図に表現する。 （3）公園の落ち葉や木の実を持ち帰り自分が好きな物や絵を描く材料にする。 3　こんな公園あったらいいな 　　　　　　　　　　　　（3時間） （1）みんなが楽しく遊べる公園を考え話し合う。 （2）今までの学習を振り返りながら，いろいろな施設・設備カードを使って「こんな公園あったらいいな」とプランニングする。 （3）学校の近くの公園へ行き，みんなで仲良く遊ぶ。	○公園で遊びながら，お気に入りの遊具や隠れ家，自然を探させる。 ○季節の変化を意識できるように，気付いた公園の自然の変化を，第一次で作った絵地図と比較できるようにする。 ○葉や木の実からその名前に意識を向けて，自然を調べる活動ができるようにする。 ○それぞれの施設が必要かどうかを自分が遊びで使ったり，ふだん公園で遊んだりしての気付きを大切にして考えさせる場にする。 ○自分の思いが広がるような公園づくりができるように施設・設備カードを準備しておき，自由に公園設計ができるようにする。 ○春との違いを意識して，公園づくりができるようにする。 ○みんなが仲良く，できるだけたくさんの施設や空間を使って遊べるように呼びかける。

（3）授業展開の概要

①春を見つけたよ

　公園に出かける前に，子どもに興味をもたせることが大切である。「公園には，どんなものがあるのか」そして，「どんなところを公園というのか」

第4章　生活科授業デザインの事例

という話し合いをする。

```
──────────「公園とは，どんなところ？」の場面──────
T　みんな公園へ行ったことはありますか。
C　家の近くにあるのでいつも行ってるよ。
C　ブランコやすべり台がおもしろい。
C　砂場でも遊ぶよ。
T　楽しそうだね。どんなところを公園と言うの？
C　遊べるところ。
C　広場があるところ。
C　ブランコやシーソーがあるよ。
C　ジャングルジムもある。
T　学校にもジャングルジムは，あるじゃない。学校も公園なの？
C　違うよ。学校は，学校だもの。
T　それじゃ，どんなところが公園なの？
C　家の近くにある遊べるところ。
C　アスレチックもあるし，お母さんと遊びに行くところ。
```

　「公園とは，どんなところ？」という話し合う場では，「公園は，遊ぶところ」というイメージが強い。学習対象とするのは，学校近くの児童公園である。子どもと公園へ歩いていく。歩いて行くときは，安全に配慮しながら歩いて行く。公園では，最初自由遊びを繰り返しながら，春を見つける活動を行う。公園に落ちている花びらを拾ったり，青々とした緑を目に焼き付けておく。学校へ帰り，遊具を使って遊んだことや，春見つけをしたことを「春の公園」として公園地図づくりをする。公園地図は，公園の施設・設備カードを利用する（資料3参照）。この段階では，「春見つけ」を主体として，公園には，どんな施設がどこにあったのかという事実確認にとどめておく。
②公園で遊ぼう
　季節が，秋になると公園の様子が変化してくる。春の時と同じように，自分の気に入った遊具で遊んだり，隠れ家を探したり，広場では，鬼ごっこも

109

資料3　公園の施設・設備カード例

［公園の施設・設備カードの内容］
木・藤棚・ベンチ・タイヤ・鉄棒・ジャングルジム・ごみ箱・すべり台
水飲み場・シーソー・ブランコ・のぼり棒・車止め・噴水・トイレ・砂場

始まる。遊びながら，紅葉した葉っぱや木の実を拾ったり，公園の環境の変化を探したりする。「きせつをかんじて」との単元とも関連をさせて，「秋のファッションショー」のための飾り付ける材料も集めながら，秋のイメージを実感していく。この段階では，公園を通して，「季節変化」を実感することが目的である。
③こんな公園あったらいいな
　この段階になって，公園にある施設・設備についての話し合う場を設定する。ブランコやすべり台が何のためにあるのか，砂場は，必要なのかなどである。
　教師が，黒板で提示した公園を子どもが意見交換をしながら，公園にある

第4章　生活科授業デザインの事例

施設・設備の意味を話し合う。施設・設備カードを黒板に提示しながらゾーニングに入る。教師が，不完全な公園を提示して，子どもにその不備を指摘させながら，施設・設備の存在意義を考える。

―――「この公園でどうかな？」の場面―――

T　先生が公園をつくったので見てください。

　　（真ん中にブランコとすべり台があるだけの不完全な公園である。）

C　だめだめ，そんな公園じゃ。

C　楽しくないもん。

T　何がいるの？

C　タイヤとびと鉄棒。

C　砂場もいる。

C　トイレもいるよ。

T　トイレは，いるの？

C　トイレがないと，遊んでいるときにトイレがないと……。

C　ごみ箱もいるよ。

C　ベンチもほしいし，のぼり棒もあった方がいいな。

T　遊具だけでいっぱいになったね。

C　広場もほしい。ボール遊びもしたいもん。

T　それじゃ，ブランコをのけよう。

C　だめだめ。ブランコはだめ。（だめだめの大合唱が始まる。）

T　ブランコは，人気だね。それじゃ，ベンチをのけよう。

C　だめだめ。お母さんが座るところがない。

C　ぼくたちが遊んでいるときにお母さんがベンチに座って待っているもの。

T　それじゃ，トイレをのけよう。

C　だめだって。トイレがないと。

　子どもとのやりとりの中で，どの遊具や設備も取り去ることができないので，それぞれの設備について仲間分けをする。子どもから出てきた公園の設

111

備は，次の六つに仲間分けをする。

①	あそぶためのもの	②	うんどうするためのもの
③	やすむためのもの	④	しぜんにかんけいするもの
⑤	あんぜんにするためのもの	⑥	トイレやみずにかんけいするもの

　仲間分けをする中で，公園の施設・設備が，多様な要素を含んだものであることがわかってくる。また，それぞれにその設備を主に，だれが利用するのかを話し合う。

──────「公園はだれが利用するの？」の場面──────

T　ブランコは，だれが利用するの？
C　子どもだよ。
C　子どもだけじゃない。お父さんだって使うときがあるよ。
C　男女のカップルでのっているのを見たことあるよ。
C　でもだいたい子どもが多いんじゃないかな。
C　高校生や中学生ものっていたのを見たことがある。
T　いろんな人が利用するみたいだね。それじゃ，ベンチは？
C　お母さん。おじいさんもよく座っている。
C　これもみんな利用するよ。
T　砂場はどうかな。
C　子どもがいる。
C　幼稚園ぐらいの子や，3才ぐらいの小さい子も使うよ。
C　お母さんも子どもといっしょにしていたよ。
T　それじゃ，砂場もみんなだね。
C　広場もみんなが使うよ。
C　トイレもみんなが使う。
C　公園に遊びに来ていない人も使うよ。先生，前，公園へみんなで遊びに行ったとき，車で通りかかった人がトイレを使っていたよ。
T　そう。よく見たね。トイレは，もっともっとみんなの人が使うんだね。

第4章　生活科授業デザインの事例

| C　だからトイレはないといけないよ。 |

　だれが利用するのかという話し合いの中で，公園は，いろんな人が利用するということがわかってくる。公園の施設・設備の仲間分けやどんな人が利用するのかを考え，「こんな公園あったらいいな」と公園設計をする。公園の施設・設備カードと八つ切りの画用紙を配布する。子どもは，はさみ，のり，色鉛筆を準備し，八つ切りの画用紙が一つの公園の空間だと決め，このカードを自由にはさみで切り，画用紙にのりで貼って，着色をして，自分の夢の公園づくりをする。なお，施設・設備カード以外に必要なものは，画用紙に自由に付け足してもいいことにしておく。

資料4　公園の設計例

（4）単元「公園へ行こう」の授業デザインの考察

　公園には，多様な遊具や設備が存在するが，子どもにとって，砂場も重要な遊び場である。この砂場を生活科では有効に活用したい。砂場とは，保育園・幼稚園・学校などの教育施設や公園（児童公園）などに設けられる子どものための遊び場のことで，地面に開けられたくぼみに砂を満たしたものである。

　砂場を使っての遊び方には，次のようなものがある。

・砂を固めて球体や様々な形状を作り出し楽しむ。
・一カ所に砂を集めて山を作ったり，そこに横穴を掘ることでトンネルを作ったりという造形が可能である。
・スコップやバケツなどの道具を使う。
・複雑な形を造る時や強度が必要な場合は，水分を含ませて泥にして，硬さを高める。
・水量によっては，川や湖を模すことができる。
・小学校にある砂場では，理科に関連して磁石を用いて砂鉄の採取が行われることもある。

　公園の学習は，①「春を見つけたよ」の段階では，公園を学習対象として意識する段階である。そして，②「公園で遊ぼう」において，対象として意識できた公園には，自然や社会的意味のある施設があることに気付きながら，主として，季節・時間変化を実感する段階である。さらに，③「こんな公園あったらいいな」において，公園には，どんな施設・設備があるのか，空間の使い方は，どのようになされているのかという公園の構造や仕組みに気付き，何のために公園の設備はあるのかという目的や公園自体の役割に気付いていくことになる。公園にある設備の役割に気付くことは，みんなのための

公園であるという「公共性」への認識を深めることになる。子どもから出てきた分類を整理する。

［公園にある施設の分類］

遊ぶための施設 ………… ブランコ・すべり台・ジャングルジムなど
スポーツ・レクリエーションのための施設 ……… 広場・アスレチックなど
想いのための施設 ……… ベンチ・藤棚など
自然のための施設 ……… 木，花壇など
安全のための施設 ……… 車止め・ブランコや鉄棒の柵・フェンスなど
健康のための施設 ……… 水道・トイレなど

これらの分類から，公園は，「みんな」が利用するためのものであることに気付いていく。この「公共性」の認識が生活科ノートでも見ることができる。

「西旭町みんなのこうえん」 　　　　　　　　　　　　　あんな

わたしのいえのまえには，さんかくこうえんがあります。生かつかのときにいったこうえんのはんぶんくらい，小さいけれど，やくにたつこうえんです。なつ休みには，ラジオたいそうやぼんおどり大会につかいます。子ども会や西旭町の人のためにつかわれます。あきには，あきまつりがあり，子どもみこしがあり，子どもみこしや，おとなみこしやもちまきがあります。西旭町の人がおせわをして，みんながさんかします。みんなのこうえんです。

Aさんは，生活科で学習した児童公園と自分の家の近くにある公園を比較している。とても小さな公園だけど，その公園は，地域社会の中で立派に役立っていることに気付いている。身近な「公園」を通して，特定の集団に限られることなく社会全体に開かれているという「公共性」という認識の芽が培われている。また，S・Aさんは，公園の悪いところと良いところに目を向けている。公園の悪いところと良いところという視点は，社会の二面性を象徴していることでもある。社会というのは，いいことだけでない。悪いこ

とが必ず共存している。つまり，みんなが，自由に利用できる公園だからこそ，ルールやマナーと言った社会性が意識できないと，安全や健康面に危険を及ぼしかねないことがある空間であることがわかる。

「こうえんのわるいところと，いいところ」 あいか
こうえんは，おとなでも子どもでも，おじいさんでも，がいこく人でも，はいれるところです。でも，こうえんは，いいところとわるいところがあります。<u>いいところは，じゆうでおかねをはらわなくていいし，よやくしないでもいいし，えんりょしなくてもいいし，よるでも，ゆうがたでもはいれることです。</u>わるいことは，いいこととはんたいに，まよ中やあさでも，こうえんは，あいているから，どろぼうがはいりやすいことです。それに，みんなのマナーがわるかったらごみばこがあっても，すてないし，犬のさんぽでも，かいぬしでも，かいぬしの人が犬のふんをやりっぱなしだったら小さい子がふんずけたりします。こうえんは，たくさんの人がつかうけど，だれのものじゃなくて，つかう人みんなのものだとおもいました。<u>そういえば，このまえにいったこうえんは，まあまあきれいだったけど，だれがおそうじをしているのかな。</u>

「だれがそうじをするのかな」という疑問は，自分だけでは解決できない問題である。そこで，S・Aさんは，そうじをしている人にインタビューをする。

わたしのちかくのこうえんは，町やくばの人が，こうたいでそうじしているそうです。それに，2か月に1回ぐらいあきかんかいしゅうデーがあります。これは，こうえんやみちばたにおちてるあきかんやごみをすすんでひろって町やこうえんをきれいにすることです。
学校のちかくのこうえんにも，そんなしゅうかんがあるのかな。あったら，わたしたちもてつだったら，こうえんがもっときれいになるのになとおもいます。

公園は，役場の人が掃除をしていることや，新たに空き缶回収デーなどの

情報を得て，さらに，自分も公園をきれいにするための活動をしたいという
意欲も創出されている。「公園」を学習材として，「こんな公園あったらいい
な」と自由設計をすることによって公共性に対する認識も深められている。

　公園は，生活科における「社会」への入口である。その公園には，五つの
利用効果がある。①心身の健康の維持増進効果②子どもの健全な育成効果③
競技スポーツ，健康運動の場④教養，文化活動等様々な余暇活動の場⑤地域の
コミュニティ活動，参加活動の場の利用効果である。公園は，学校から社会
へと視野を広げる場として，生活科においてはとても意義深い学習材である。

3　単元「おおきく なってね①」の授業デザイン

（1）授業デザインのエッセンス

　本単元は，「見る」ことを中心に，視点取得能力の育成を組み込んでデザ
インする。植物を育てる活動を通して，自分の生い立ちとも比較をしながら，
植物と自分との成長を比べて見るという科学的な見方もできるようにした
い。それは，自分との関わりの中で植物を育て，植物が育つのと同じように，
自分の成長を実感することにある。つまり，これまで育ってきたのは，家族
や周囲のあたたかい支えがあったことに気付き，自分が植物を育てることに
も，関連づけてとらえることを目指して単元をデザインをする。また，本単
元は，入学してから年間通して「生き物との関わり」を対象として位置づけ
ている単元である。内容的には，自分を含めて生きているものへの成長を見
つめる単元として位置づけている。中心の学習材となるのは，アサガオとヒ
マワリ，サツマイモである。比較して栽培することにより，共通点や相違点
から「生き物」に対する認識も深まると考えられる。低学年でも比較的育て
やすく，収穫の喜びを味わえるサツマイモと身近にある「アサガオ」を本単
元の中核に位置づける。

　アサガオは，奈良時代の末期に到来している植物である。遣唐使が，その
種を薬として持ち帰ったもので，アサガオの種の芽になる部分に，下剤の作
用がある成分がたくさん含まれている。漢名では「牽牛子（けんごし）」と
され，薬用植物である。到来した当時から，粉末にして下剤や利尿剤にして
いる。花言葉は，「明日もさわやかに」，「はかない恋」，「貴方に私は絡みつく」，

117

「愛情」,「平静」などがある。秋の季語である。アサガオというぐらいだから, ヒルガオ（地下茎で増える。海岸の砂地＝ハマヒルガオ。花言葉＝「絆」）やヨルガオ（白花。春まきの一年草。花言葉＝「夜」）, ユウガオ（干瓢＝カンピョウの原料。花言葉＝「はかない恋」）がある。アサガオに関することを教師は, 子どもに語ってあげるとよい。むずかしいことも多いが, 子どもが何に興味を示すかはわからない。一人でも二人でも興味をもって, 調べてくれるようになればよい。

　飼育・栽培に関わる単元は, 理科的な視点から植物をとらえることが多い。芽, 葉の出方, つき方などを始め, 植物比較による育ち方の違いなどの観点でとらえられてきている。しかし, 生活科の導入によって, 育てることは, 手段ではなく目的とするという部分だけに重点が置かれている問題点も指摘できる。そのことは, 収穫した作物を喜び合う「お祭り」や「収穫祭」等の活動に重点が置かれ, 活動するだけの構成に偏っている傾向を生んでいる。収穫というイメージにないアサガオは, これまでの理科学習と同じになっている状況が多いのではないか。自分との関わりの中で, 植物を育てることのポイントは, 植物と自分との比較である。つまり, 植物が育つのと同じように, 自分も成長の真っ直中にいることを実感し, 自分がこれまで育ってきたのは, 家族や周囲のおかげであることに気付き, 自分が植物を育てることにも, 関連づけてとらえることを目指して単元をデザインしなければならない。

　また,「育てる」ことに関しては, 子どもは, 一般的に次のような実態がある。それは, 未知の動植物に出会ったとき, 既有の知識を使ってその動植物を理解していこうとするが, 自分を含めた人間の特性に対比させ, 擬人化してとらえる場合が多い。しかし, 観察学習に際して, 人の生態との類似点・相違点を明確にして科学的・分析的に事実をとらえることができるように教師は, 援助してあげることが大切である。それは,「生と死」を直視し, 生命への畏敬の念を抱かせることを意味する。具体的には, 同じ体験の繰り返しにより, 発見する喜びや科学的に追究する芽を育てることから始め, 異なる場面に応用することを1年生でふまえ, 2年生では, さらに, 栽培・飼育の知識・技術を必要とする動植物を扱い, その成長をより客観的に記録していくように位置づけたい。そのことは, 広く地球環境を認識する視点をもち, 自然保

第4章　生活科授業デザインの事例

護へ，過去から現在までの自然の変容をとらえ，身近な環境への日常的な取り組みを考えることにつながっていく。そうしたことは，単に自然保護に終わるだけでなく，人々との輪を広げ，自分を見つめ，自分を大切にすることを学んでいくことになる。

　また，本単元は，自分を含めて生きているものへの成長を見つめる単元として位置づけている。サツマイモは，ヒルガオ科でアサガオに近い植物である。サツマイモは，アサガオに接ぐことが可能で，それがサツマイモの開花数を増加し，交配による育種に好都合に利用されている。このように，サツマイモは，アサガオと関連が深く，比較して栽培をすることにより，共通性や相違性から「生き物」に対する認識も深まっていく[2]。

（2）授業デザインの組み立て
①単元名　「おおきく　なってね①」
②単元の目標

○植物を大切に継続的に育てることを通して，それらの変化や成長の様子に気付くとともに，それらに親しみをもち，適切に世話を続けることができるようにする。

---

③単元の計画（全17時間）
　第1次　あさがおをそだてよう ………………………………… 8
　第2次　あさがおは友だち ……………………………………… 3
　第3次　冬のあさがお …………………………………………… 6

子 ど も の 活 動	教 師 の 関 わ り
1　あさがおをそだてよう　（8時間） （1）自分たちが育てる草花や野菜について知る。 （2）草花や野菜の種まき，苗植えをして成長への思いや願いを，絵や文	○知っている草花や野菜を自由に発表し，簡単な仲間分けの場を設定する。 ○子どもが育てやすいアサガオの種とサツマイモの苗を準備しておき，鉢

119

でかく。

（3）どうすればよく育つか，話し合っ
　　たり，調べたりする。
　　○水やりや草ひきの世話を行う。
　　　・朝の水やりを毎日行う。
　　○必要であれば間引きを行う。
　　○追肥を行う。
　　○生長の記録を継続して残す。
　　（常時活動）
2　あさがおは友だち　　（3時間）
（1）育ててきた草花や野菜の種とり，
　　収穫をする。
　　○種とりをする。
　　○育ててきた野菜を収穫する。

（2）来年入学してくる1年生へ種とメッ
　　セージのプレゼントをする準備をする。
　　○封筒づくりやメッセージを書く。
（3）どうして，こんなに大きく成長し
　　たのかを考える。

3　冬のあさがお　　　（6時間）
（1）「冬にアサガオを咲かせよう」の設
　　定をする。
　　○咲かせるためには，何が必要かを
　　考える。

○や畑に植える活動を設定する。
○土づくりは，あらかじめ教師が腐葉土や，
　よく育つ土の準備をしておくようにする。
○毎日の水やりをするためのスチール
　缶を各自に準備してもらい，常時活
　動として行うように投げかける。
○教師は，子どもの下校後，全員の鉢
　や畑に水やりをして枯れないように
　支援をする。
○観察カードを週に1回程度の割合で
　記録に残すようにする。
○アサガオの種とりは，夏休みには家
　庭の方へお願いをしておく。9月に
　は，学校に持参できるようにする。
○野菜は，できたものをその都度収穫
　して，各自に配布する。サツマイモは，
　いもほりをして収穫の実感が得られ
　るようにする。
○種とメッセージを入れる封筒は，封
　筒の見開き図を配布して各自で作る
　ようにする。
○大きくなった原因として，水や肥料，
　土，太陽など子どもなりに考えられ
　る場を設定する。
○自分が成長してきたことと比較して，
　成長するためには，何が必要なのか
　を考えられるようにする。
○元気がなくなってきたアサガオをど
　のようにするかを話し合う場をもち，
　アサガオのいのちについても考え，
　安易に廃棄しないようにする。

（2）こんなたねがあったらいいな
　○育ててきた草花をどうするのかを話し合う。
　○植物や動物がどのようにして冬をすごすか話し合ったり調べたりする。
　○球根を植える。

　○「こんなたねがあったらいいな」と自分の思いを表現し，発表する。

○元気がなくなった理由から，植物や動物の冬の過ごし方を自分と比較して考えられるようにする。

○来年入学してくる1年生をチューリップいっぱいで迎えられるように準備をしておく。

○今まで学習してきたことを活かして草花や野菜など「こんなたねがあったらいいな」と夢のある植物を考えてみる場を設定する。

（3）授業展開の概要
①あさがおをそだてよう
　いくつかの種と花の写真を準備してどの種からどんな花を咲かせるのかを予想することから始める。花を育ててみたいと

いう意識が芽生えたところで，アサガオの種をまく活動を行う。

　　5月12日　はれ　　　　　　　　　　　　　　　けいじ
ぼくのアサガオきれいにさいてね。
　　5月12日　はれ　　　　　　　　　　　　　　しょういちろう
うえきばちにたくさんつちをいれたよ。はやくめがでるといいな。

ほとんどの子どもが，アサガオに対する願いのみの観察記録である。約1か月の間，観察記録も同じようなレベルでの状態が続く。アサガオの生長が顕著になり，「間引き」と「追肥」の活動が契機となる。一つは，1本の芽だけ大きく成長している鉢と，もう一つは，3本の芽は出ているが，背丈の低いアサガオの鉢を提示する。「同じ日に種をまいたのに，どうして二つの植木鉢のアサガオの生長は違うんだろう？」という「問い」が発せられる。違う二つの事象を比較することにより，「問い」が生まれる。

　　6月19日　　くもり　　　　　　　　　　　　　　　　　　けんた
　ぼうにつるをまいたよ。はやくおおきくなってね。ヒマワリよりぐんぐんのびてね。Kくんのおとうさんよりも，すくすくおおきくなってね。おうえんしているよ。
　おみずは，いっぱいあげるからね。ぼうは，ながいけれどぐんぐんてんまでおおきくなるかな。

　「間引き」については，抵抗のある子が多い。生活科では無理に「間引き」する必要はない。「間引き」したものは，学習園へ植えかえる措置が必要である。自分の植木鉢で育てたい気持ちが強い子どもがいればそのままの状態で育てるようにする。「間引きをしたくない」という子どもは，単に動植物を飼育・栽培するだけでなく，世話をしたり，大きくなっていく様子を絵に描いたりすることを通して，動植物の成長を喜び，それらも自分たちと同じように生きていることを実感できるようになった証である。

　　6月29日　　　　　　　　　　　　　　　　　　　　　　りょう
　ぼくは，まだはながさいてないけど，はやくはながさいてほしいです。つめみたいに，アサガオは，いつのびているのかな。ぼくのアサガオをさわったらおとしました。よくみたらけがはえていました。にんげんといっしょだとおもいました。なんでうまくつるがまけるかふしぎです。

　「つめみたいに」というたとえの表現が出ている。自分の知らない間にア

第4章　生活科授業デザインの事例

サガオは，生長している。また，自分と同じように毛がはえている。そのことに気付いたR君は，アサガオを自分とは違う存在として見ていたのが，自分と同じ生き物であるという認識に至っている。

②あさがおは友だち

　植物と自分の成長を結びつけて考えながら，夏休み中も家庭で継続して観察をしていく。秋になり種とりの時期を迎える。種とりをして「この種をどうするか？」ということになる。自分たちのアサガオ，ヒマワリという意識と同時に満足感や達成感を得たようである。サツマイモは，収穫して，食べる体験をすることによって，収穫した喜びや達成感をもつことができる。収穫するまでの過程や心に残ったことを発表しあい，相互評価を加えていく。サツマイモを収穫できた成功経験で得られた気付きを再構成する場面の話し合いの一部である。

―――――――「サツマイモが大きくなったのは？」の場面―――――――
　話し合いは，サツマイモの形や大きさなどから「つる」へ焦点化される。
T　つるは，どのようにのびていたの？
C　はじめのころは，あまりのびてなかったけど，いもほりをしたころは，たくさんのびていた。
T　どんなにのびていたの？からだで表現してごらん。
C　（横にはっていくようにからだをくねらせる。）
T　だれかつるのことについて気がついた人いない？
C　アサガオにもつるがあった。
C　サツマイモも，アサガオも，つるには毛があった。
C　アサガオは，細いのにサツマイモは，太かった。
C　アサガオは，こんなにのびてる。
　　（上へ上へまわりながらのびていくように体で表現している。）
T　サツマイモは？
C　（横へ広がっていくような動きで表現する。）
T　どんな違いがありますか？

123

C　サツマイモは，下に向かっていくけど，アサガオは上へのびていく
　　感じがする。
C　下というより横じゃないの。
C　横の方がいいよ。
　　（話し合う中で，土の中の様子に視点が向けられる。）
C　いもは，むしが食べていた。
T　むしがいたの？
C　だんごむし。それとかぶとむしの子どもがいたよ。
C　幼虫だよ，幼虫。
T　幼虫は何してるの？
C　そこで成長しているの。ゆっくりと。
C　寝ているの。あたたかいところで休んでいる。
T　何で，土の中にいるの？（「寒いから」との声）
T　土の中はあたたかいの？
C　上の方は，冷たいけど，中は，あたたかいの。
C　中の方は，あたたかいよ。
C　外はさむいけど，土の中は少しはあたたかい。
C　敵に食べられないように中に隠れているの。
C　身を守っているんだよ。

　さらに，アサガオは，種から育てたけど，サツマイモはつるを植えた違い
を想起して，アサガオとサツマイモの相違点が明確になる。その後，サツマ
イモの葉っぱに着目した後で，サツマイモがどうして大きくなったのか気付
きを再構成していく。

T　サツマイモは，どうして大きくなったのかな？
　　（大きく成長したサツマイモを何個か見せる。）
C　でかい。すごいなあ。
C　おー。大きいなあ。食べたい！
C　それ学校でできたの？

第 4 章　生活科授業デザインの事例

C　ぼくが掘ったよ，多分。あんなの掘ったもん。

C　土の中でどんなに大きくなったのかな。

C　大きさが違うのもあるよ。

C　小さいのもあるし，ばかでかいのがあるな。

C　小さいのは，栄養がない。大きいのは，いっぱい栄養がある。

C　小さいのは，太陽や水をあんまりすってないの。

T　太陽や水があるの？この中に。

C　あるよ。

C　吸い取っているの。栄養があるもん。

T　栄養？栄養って何なの？

C　太陽と水。

T　太陽と水がこれ？（サツマイモを提示する。）

C　太陽と水と空気もいる。

C　太陽はとても大事だよ。

T　栄養は，太陽と水と空気からできるの？それだけ？

C　土もいるよ。

T　それじゃ，土にも栄養があるの？

C　土にも栄養があるよ。先生も肥料まいていたもの。

C　葉っぱにも栄養があるよ。

T　栄養というのは何なの？

C　大きくなるためのもの。育てるものかな。

C　植物を育てるもの。

T　人間はないの？

C　人間もいるよ。空気なかったら死んでしまうもん。

T　サツマイモは，栄養あるの？

C　ある。

T　（大きさの違うサツマイモを比較して提示する。）

　　これとこれでは栄養は違うの？

C　大きい方が栄養があるよ。

C　でも，小さい方がいい。栄養がつまっているもん。

125

C 大きいのは，水が入りすぎておいしくない。
C 大きい方がおいしそうだよ。（意見は，半々程度にわかれる。）
C どちらも栄養はあるんじゃないかな。
T 栄養というのは，みんなにとっては何になるの？
C ぼくには，いもだんご。（笑い。）
C 体を元気にするの。
C 体を大きくするの。
C 成長させるためのもの。大きくなりたいもん。
C 力をつけるもの。
C しゃべれるようにするの。
C 遊んだり，走ったりするのにもいるよ。
C 生きるために大事なもの。（以下省略）

　栄養調べは，ヨウ素溶液を使ってでんぷんの検出実験を行う。とても興味深そうに取り組む。色が変わると歓声や驚きの声が各班からあがる。準備したものは，ご飯，食パン，うどん，とうふ，大根，人参，りんご等で，色が変化したものと変化しないものに分類することになる。色が変化しなかったものは栄養がないのか？と投げかけ，「栄養にもちがいがあるのだろうか？」という視点も出てくる。

③冬のあさがお

　上へ上へのびるアサガオ，横へ横へ広がるサツマイモの比較を通して共通点や相違点などを考えることによって植物の構造に対する気付きも深まってくる。また，つるの必要性を考えることにより，植物の機能に対する意識も高まってくる。単元「秋を見つけよう」とも関連させて，「秋」にせまることにつなげる。秋は衣という視点の「秋のファッションショー」という設定により，紅葉という植物の現象を自分との関わりで考えていく。「緑色のままの葉っぱがあるのに，どうして赤や黄色になるの？」ということに対して，秋という季節の特徴を夏と比較する。秋になり，今までのような活動ができなくなった植物について意識し，アサガオやヒマワリに対しての意識が，対象を意識しない認識のレベルからアサガオという対象を意識した認識，さら

第4章 生活科授業デザインの事例

写真1　サツマイモはどうして大きくなったの？

　に自分と同じ生き物としての認識。そして,「葉っぱの色が変わったよ」という設定により,自分たち人間とは違う存在としての認識のレベルに一年生なりに達したようである。
　さらに,植物や動物が冬をどのように過ごすのかを分類し,「アサガオをどうするか？」を話し合う。「このままずっと育てる」ということになり,アサガオは,継続して育てることになる。そのように至った経緯は,アサガオは,夏から秋にかけて,種を自然に落として新しい芽が次々と出てきた現象を子どもが実際に見ていることにある。植物の構造,機能だけでなく,種族保存に関する意識へ向いた。つまり,「種」によって次への「命」を受け渡していくという意識が,自分の成長してきた関わりの中で把握できるようになる。来年の1年生へ種をプレゼントしたい,花いっぱいで迎えたいという意識が個々に盛り上がってくる。植物に対する認識が深まってきたところで,「こんなたねがあったらいいな」という設定で自分の思いを表現することによって,そんな植物を育てるには,どのように関わっていかなければならないかを話し合う。

(4) 単元「おおきく なってね①」の授業デザインの考察
　単元「おおきく なってね」では,子どもの「見る」活動において視点取

127

得能力を中核に据えて取り組んでいる。次の三点で考察をする。

①対象との関わりの中で，自己意識を高める必要性があること。

　生活科の授業では自分との関わりを重視した授業デザインにある。自分との関わりとは，自己意識を育てることである。自分の家庭での生活をふり返ることやクラスの中での自分を考えること。また，今まで過ごしてきた学校生活を考えることによって自分を確かめることになる。「関わり」と「気付き」は，「自己意識を高める」ことにより深まっていくと考えられる。「見る」が生活的に「見る」レベルから，調べたり，比較したり，分類したりして科学的に「見る」レベルまで引き上げるためには，自分というものを意識し，高めていこうという意欲が大切である。

②視点の転換を図ることの必要性があること。

　子どもの観察記述を見ると，「共感し，感情を移入し，自分のイメージ本意にかく」場合と「対象を見つめ，自分が観察者の意識をもち，見たことだけを忠実にかく」場合が見られる。どちらがいいというのではなく，どちらも認めることによって個々の存在を認めることになる。しかし，その記録に関してのサポートをしてやることにより，子どもの認識のレベルが上がる。つまり，観察記録は，「絵」と「文」で構成しているので，「絵」による正確な描写と「ことば」による物語性の導入という示唆を与える。さらに，視点取得の機会を設定する必要がある。例えば，「アサガオになって身体で表現してごらん」というような場の設定により，アサガオ，ヒマワリ，サツマイモの成長の変化を

対象として意識しないレベル

↓

対象として意識するレベル

↓

自分と同一視するレベル

↓

他者の存在を意識するレベル

【植物に対する認識のレベル】

振り返ることやその違いなども明確にすることが可能になる。つまり，自分とは違う存在を意識し，さらには，自分までも人間の成長という長いスパンの中での「いま」の自分を感じることのできる契機となる。

③メタ認知を促進し，新たな好奇心を高めていくことの必要性があること。

　子どもが「生き物」に対する認識のレベルとして，対象のないレベル→対象として意識するレベル→自分と同一視するレベル→他者の存在を意識するというレベルがある[3]。このレベルの違いは，「見る」というレベルの違いでもある。子どもが，記録した葉っぱの形に着目してみると，最初は，アサガオを見ても，対象のないレベルのときは，アサガオの絵は，◯のような形で，◯のような形に見えるまでは時間を要する。対象として意識することにより，◯のような形が現れ，自分と同一視するようになるとアサガオの一部をくわしくかけるようになる。このように，葉っぱを一つ取り上げても，「見る」ことのサポートをしてやる必要がある。例えば，全員に黒板にアサガオの葉っぱだけを描いてもらう。ほとんどの子が◯のように葉っぱの概念にとらわれた形を描く。つまり，どんな植物を見ても葉っぱは，◯のように描く。「本当に？」，「本当にこんな形に見えるの？」と投げ返してやることにより，「自分は，まだよく見ていないんだ」という意識が「見る」ことのレベルを上げていくことにつながっていく。

第2節　第2学年の生活科授業デザインの事例

1　単元「おおきく なってね②」の授業デザイン

（1）授業デザインのエッセンス

　生活科の単元「おおきく なってね②」では，本物の種を育てることに加えて，自分の中にある多様な「種」を育てることが，創造性を培う授業への改革になる。生活科での「生き物を育てよう」の単元では，身近な生き物と関わることが重視される。これは異論のないところである。つまり，身近な生き物として植物では，サツマイモ，ミニトマト，キュウリなどの野菜を育てたり，動物では，ザリガニ，ハムスター，メダカ，うさぎなどの小動物を

実際に育てることによって関わりを深め，生き物に対する気付きを深めることが目標とされている。もちろん，その活動を常時活動として組み込みながら，創造性を培う授業へと改革していく。つまり，「こんな○○○があったらいいな」という設定を組み込む。「こんな種が，こんなたまごがあったらいいな」と子どもにとって夢のある設定である。

　子どもは，自由に育てたい野菜の種を決め，植木鉢や学習園を利用して春から秋にかけて育てていく。そのこと自体は，否定するものではない。秋に収穫されるサツマイモをどのように食べようか。みんなでパーティーをしたり，収穫祭をしたりして成就感を味わうことは子どもの次の活動への意欲づけとなる。しかし，どんな野菜を育てたいか，育てるのはどのようにすればいいのかというお決まりの流れで，観察日記や飼育日記によるサポートだけでは子どもの創造的な思考は深まらない。そこで，「こんなたまごがあったらいいな」という設定をする。「たまご」というのは，修行中の人のことを指すもので，鳥や魚，虫が産むたまごだけの意味ではない。言い換えれば，将来に可能性の秘めた子どもはみんなたまごである。子どもは，ヒマワリのたまご，にわとりのたまご，恐竜のたまご，かみなりのたまご，大きな木のたまご，元気になる自分のたまごというように，「○○○のたまご」と自由に発想をする。そして，そのたまごが，どんな成体になるのかを関連させながら想像して描く。そして，たまごから成体になるまでには，どんな世話や栄養，心のエネルギーが必要なのか考える授業デザインにする。

（2）授業デザインの組み立て
1　授業の構想
（1）単元名　「おおきく　なってね②－野菜を育てよう－」
（2）単元の目標

○身近な植物の栽培に関心をもち，世話の仕方を自分で調べたり，人に聞いたりしながら，大切に世話をする中で，それらに生命があることや，成長していることなどに気付くとともに，植物に愛着をもち，継続的に育てることができるようにする。

第4章　生活科授業デザインの事例

（3）単元の計画（全20時間）
　　第1次　野菜を育てよう①（たねまきをしよう）················· 10
　　第2次　野菜を育てよう②（生き物くらべ）······················· 4
　　第3次　野菜を育てよう③（こんなおいもを食べたいな）···· 6

子 ど も の 活 動	教 師 の 関 わ り
1　野菜を育てよう①　　　　（10時間） （1）野菜には，どんな種類があるかを出し合う。 （2）自分が育てたい野菜を決め，種や苗を植える。 　○個人では鉢に育てられそうな野菜の種や苗を植える。 　○学習園を活用して，サツマイモのつるを植える。 （3）水やりをするための水やり缶を空き缶を利用して作る。 （4）水やりや草ひきなどの世話を継続して行い，成長の記録を残す。 （5）どうすればよく育つか話し合ったり調べたりする。 2　野菜を育てよう②　　　　（4時間） （1）知っている生き物をあげ，動物と植物に分類して，共通点を引き出す。 （2）自分と比べ，自分の成長のあとを見つける。 3　野菜を育てよう③　　　　（6時間） （1）育ててきた野菜を収穫する。	○キュウリやトマト，キャベツなど子どもの知っていると予想される野菜カードを準備しておき，提示できるようにする。 ○子どもが育てたい野菜の種や苗は教師が準備する。 ○植木鉢は，アサガオの鉢では小さいので，学校にある大きな植木鉢を使用させる。 ○スチール缶や針金やくぎ，ビニルテープ，金槌などを準備して，子どもが自由に使用できるようにしておく。 ○生き物のハンドブックを準備しておき，その都度調べられるようにする。 ○自分と比べることによって，生き物という意識で野菜を見ることができるようにする。 ○サツマイモ掘りを体験させる。収穫したサツマイモは，新聞紙でくるみ

131

（２）野菜を食べる計画を立てる。 　○「こんな調理方法で食べたい」という計画を立てる。 （３）収穫したサツマイモを調理して食べる。 　○おいもを料理する。 　○おいもパーティーを開く。 （４）サツマイモほりのシミュレーションをして、野菜の仲間分けをする。 　○手触りだけで、サツマイモをあてるゲームをする。 （５）「こんなたまごがあったらいいな」と考える。	保管をしておく。 ○サツマイモは、どのような食べ方があるのか話し合わせ、自分が食べたい料理方法を調べさせる。 ○ブラックボックスで、サツマイモほりをシミュレーションさせ、サツマイモや他の野菜の特徴を考えさせる場を設定する。 ○「こんなたまごがあったらいいな」という設定での気付きの再構成は「生き物をかってみたいね」の単元に絡めて考える場を設定する。

（３）授業展開の概要

①野菜を育てよう①（たねまきをしよう）

　野菜の種類には、どんなものがあるのかを発表し、それぞれの野菜を分類する。

―――――――「野菜の仲間分けをしよう」の場面―――――――

T　野菜には、どんなものがありますか。

C　きゅうり。　　C　だいこん。　　C　かぼちゃ。

　以下、どんどん出てくる。教師は、野菜カードを黒板にはっていく。

・ピーマン	・なすび	・かぼちゃ	・トマト
・ほうれんそう	・キャベツ	・ねぎ	・レタス
・にんじん	・だいこん	・サツマイモ	・インゲンマメ
・えだまめ	・かぶ	・アスパラガス	・たまねぎ
・みょうが	・じゃがいも	・キュウリ	・ごぼう

第4章　生活科授業デザインの事例

> ・トウモロコシ　・さといも　　・はくさい　など

T　たくさん出てきたけど，この野菜を仲間分けできますか。
C　できるよ。できる，できる。
　　数名指名して，黒板のカードを使って仲間分けをする。
T　いろんな仲間分けができたけど，どんな仲間か言ってください。
C　ぼくは，色でわけました。白い色と緑色，赤色と。
T　色か，とてもいいね。
C　わたしは，よくわからないけど，形でわけました。
C　丸い感じのと，棒みたいな形で‥‥。
T　形もとてもいいね。
C　ぼくは，自分が好きか嫌いかでわけました。
C　それならぼくもできるな。
T　いいよ。自分が好きか嫌いかも大切な仲間だね。嫌いなのは，どん
　　なものが多いかな。
C　食べるとね，あまりおいしくないの。色もあまりよくなくて。なん
　　でかわからないけど，緑は苦手なの。
C　わたしは，食べるところでわけたの。
C　ぜんぶ食べるじゃない。（笑い）
C　違う違う。どこを食べるかでわけたの。たとえば，ほうれんそうは，
　　葉っぱを食べるでしょ。でもごぼうは，根っこみたいだもん。
C　なるほど。わかったわかった。
C　サツマイモも根がふとるとお母さんが言ってたよ。
C　トマトは，葉っぱでも根でもないよ。どこを食べてるの？
C　そんなん実を食べるんでしょ。
C　トウモロコシは？実？
C　種を食べてる感じだけど‥‥。
T　どこを食べるのかという仲間分けは，すごいね。まだ，ありますか。
C　土の中か外にできるか。
C　サツマイモは，土の中だけど，キュウリは，空中にできるもん。お

133

じいちゃんが作っているので見たことある。

T　おもしろいね。N君は，おじいちゃんの畑で見たんだよね。

えらい！！それじゃ，先生から質問。だいこんは，どこにあるの。

C　土の中だよ。

C　いや，外，いや‥‥。両方。

C　わからない。両方じゃないの。お母さんは，だいこんは，葉っぱも
食べると言っていたよ。

T　本当？すごいね。先生も大根の葉っぱは大好きです。　　　　　（略）

　日本の野菜は150〜200種ほどあるが，食べる部分で大別すると，果菜類・
葉茎類（葉菜類・茎菜類・花菜類）・根菜類に分けることができる。しかし，
野菜の仲間分けをすると，子どもは，こちらが思っている以上に様々な分類
基準を出す。子どもから出てくる基準は，大切に取り上げて分類をする。最
終的には，野菜を①実や種を食べる②葉や花を食べる③根やくきを食べると
いう三つの分類の基準で分け，さらに，色，形，できる場所で子どもの気
付きを再構成していく。そして，自分たちで育てられそうな野菜を決める。
キュウリ，ミニトマト，えだまめ，なすび，サツマイモを学習園で育てるこ
とになる。各自で育てる植木鉢は，学校で一番大きい植木鉢（10号＝直径
30cm）を使う。土を入れて，教室の近くまで運ぶのは，一苦労だが，二人
組になり，協力して運ぶ姿が出てくる。「おおきく　なってね」と声かけをして，
水やりをする。

　4月30日（木）　　「ミニトマトをうえたよ」　　　　　　　あいか

　きょう，ミニトマトのたねをうえました。ミニトマトのたねは，1mm
ぐらいで，うす茶いろでした。そして，まんまるより少しながぼそかっ
たです。このあいだは，すいかのたねだと思っていたけど，ほんとうの
かたちを見たら，ずっとずっと小さかったです。ミニトマトが，そだつ
には，たいようと水がとてもひつようだけど，そだてる人の大きくなっ
てほしいな，という気もちが大切だと思います。

第4章 生活科授業デザインの事例

> 4月30日（木）　「ミニトマト」　　　　　　　　　あいこ
> ミニトマトって　かわいいね　　　早くめを出せ　がんばって
> おおえんしてるよ　がんばって　　水もたくさんあげるから
> フレーフレー　ト・マ・ト　　　　がんばれ　がんばれ　ミニトマト

　水やりは，各クラスに配布されているじょうろではなく，一人一人が水や
り缶を作って，水やりをする。事前に，スチール缶（350ml 以上）の準備を
お願いしておく。アルミ缶は，すぐにつぶれるのでスチール缶にする。
　1年生のときは，保護者で作ってもらうが，2年生では，自分で作る活動
にする。出来上がった水やり缶については，次のように約束を決めておく。

〈水やり缶の使い方・約束〉
1　水やり缶は，靴箱に入れて保管する。
2　朝，学校へ登校して来たら靴を入れる前に，水やりをする。
3　夕方，靴を入れて帰るときに水やりをする。
4　スチール缶を投げたり，落としたりしないこと。（大切に使うこと。）
5　友だちの水やり缶が落ちているのを見たら，友だちの靴箱に入れて
　あげよう。空き缶から水やり缶に変身したのだから，また空き缶にし
　ないこと（大切に使おう）。

　この活動は，環境とリユースという視点を組み込む。この後の単元「生き
かえる○○○」でも行うが，ここでは，あえて触れないで，「空き缶を水や
り缶に変身させよう」という程度に位置づけておく。また，水やり缶の使い
方や約束を話し合う中で，野菜を育てていくためには，どんなことが必要か
を話し合う。キュウリやミニトマト，えだまめ，なすびのグループに分かれ
て，それぞれの世話の仕方を図鑑やハンドブックを使って調べることにする。
サツマイモに関しては，全員が調べるようにする。
②野菜を育てよう②（生き物くらべ）
　単元「生き物をかってみたいね」では，自分の研究したい生き物と自分を
比較するが，ここでは，動物，植物をすべて含めて，出し合い，仲間分けを

135

していく。さらに，「自分」と比較する。つまり，食べること，動くこと，話すこと，排泄すること，考えることなど子どもが比べてみたいことで比較していくと，共通点や相違点がたくさん出てくる。最終的には，次のような結論に至る。

すべての「生き物」には，大切な「命」がある。

　動物や植物を見るときに，その形態や，機能，構造だけでなく，生きているためにどんな工夫をしているのかということを，自分と比較することによって明確にとらえることができる。

③野菜を育てよう③（こんなおいもを食べたいな）

　育ててきた野菜を収穫する。各自で育ててきた野菜は，栄養や日当たり，土の関係でうまく育たない子がいたり，誰かに引き抜かれたり，折られたりすることがある。しかし，育てるプロセスで，子どもは，試行錯誤をしながら，「大きく育てるには，どうしたらいいのだろう」と真剣に考えて実行する子も多い。教室前の畑で育てているキュウリは，元気よく育ち，できたキュウリは，子どもに，先生からのプレゼントとして，順番に家庭に持ち帰らせる。しかし，初めて収穫した野菜は，みんなで食べることにする。お塩とドレッシングをつけて食べてみる。実際に食べることで多くの気付きが生まれてくる。

　　7月3日（水）　　「おいしいキュウリ」　　　　　　　　　　　ちさ

　　わたしは，3時間目のじゅぎょうと4時間目のじゅぎょうのとき，3時間目の半分は，せき先生のキュウリをしおとドレッシングとマヨネーズをつけて食べさせてくれました。ひがきさんが，「しおをつけて食べるとおいしいね。」と言うと，今度は，坂本くんが，「ドレッシングとマヨネーズをつけてもうまいで。」と言いました。そうすると，ひがきさんが，マヨネーズとドレッシングをつけて食べると，「ほんとだ。おいしい。どれもつけてみるとおいしいね。」といって，私の班の人は，3回もおかわりをしました。家のキュウリよりもおいしかったです。私のキュウリもできないかなぁ。

第4章　生活科授業デザインの事例

　　　7月9日（火）　　「せき先生にもらったキュウリ」　　　　　ゆか
　きのう，もらったせき先生のキュウリを食べました。おかあさんは，見
たとたんにおみせでうっているキュウリみたいだと言っていました。わ
たしは，生のまんままるかじりしたいと思いました。すごくみずみずし
くて，おいしかったです。はたけの土はえいようがいっぱい！
　　　7月11日（木）　　「えだまめ」　　　　　　　　　　しょういちろう
　きょう，えだまめのしゅうかくをしたよ。でん車の中でやすもとくんが，
「うまそ。」と言った。ぼくは，「それでも，これはあげない。」と言いました。
先生のように，おみせでうるとしたら，千円，二千円ぐらいでうるよ。だっ
て，だいじにだいじにそだててきたから。
　　　7月11日（木）　　「おいしかった先生のキュウリ」　　　　あい
　このあいだ，わたしは，せき先生にとても大きなキュウリをもらいま
した。いそいでかえって，あらって，れいぞうこでひやしてたべてみま
した。そしたら，おかあさんも，おとうさんも，いもうとのゆうちゃんも，
おとうとのまさひろくんもみんな，「みずみずしくて，とてもおいしい。」
と，いっていました。
　　　7月16日（火）　　「学校でとれたキュウリ」　　　　　まさる
　ぼくは，きのう，せき先生から学校でとれたキュウリをもらいました。
ぼくは，心の中で，早く食べたいなぁ，と思いながらもってかえりました。
もってかえったらいもうとが，「キュウリ，どうしたの？」と言ったので
ぼくは，「学校からとれたばかりのキュウリだよ。」と言いました。夕ご
はんに食べたら，お店で買ったキュウリよりもとてもおいしかったです。
やっぱりとれたてだからだと思いました。とってもとってもうれしい日
でした。

　講堂の横で育ているサツマイモは，いよいよいもほりの時期を迎える。朝
から落ち着かない子ども。いもほりをする時間を楽しみにしている。いもほ
りになると，一斉に我先にといもを掘りながら，歓声をあげる。
　サツマイモが収穫できると，自分たちで料理して食べたいと自然な流れで
おいもパーティーの計画が始まる。いも料理には，大学いも・天ぷら・焼き

137

いも・スイートポテト・蒸かしいもがあがってくる。しかし，どのように料理していいかわからない。料理方法を調べたり，どんなものを準備するのか，だれがどんな役割分担をするのか，話し合いは続く。そして，「おいもパーティー」が開かれることになる。保護者の方には，各班に，お手伝いとして二人ずつが参加していただく。その際，保護者の方には，携帯用のガスコンロと天ぷら鍋を持参してもらう。

10月30日（水）　「おいもパーティー」　　　　　　　　　　りか

　私たちのクラスは，10月28日においもほりをしました。あつい夏休みも私たちのために，せんぷうきやクーラーをつかわずに水と太ようとひりょうだけで，がんばってすごしてくれました。そして，ほるときには，つるをひっぱってしゅうかくしました。土の中おくふかくにもありました。いよいよおいもパーティーです。みんなで，係をきめてスタートです。おいもをあらったり，切ったりあげたり，あぶらきりしたりみんな大活やく!!　私たちのはんは，さつまポテトと，さつま天ぷらを作りました。昨年，でんぷんしらべをしたときは生のままとゆでたもの，やいたおいもとごはんつぶでしたけれど，あぶらであげてもえいようは，にげないのかな。また，家でやってみよう!!　とにかく，おいもパーティーは大せいこうでした。先生のクッキングもおみごとでした。

　サツマイモを育てて，収穫するまでの過程は，子どもの成長の過程でもある。今回の「おいもパーティーをしよう」では，多くの保護者の協力を得る。子どもにとっては，お母さんもいっしょに取り組んでくれたことで，家庭での取り組みへのモチベーションにつながる。教師は，子どもの活動へのモチベーションを上げるために，あらゆる機会を設定することによって，成功

資料5　野菜はてな？ボックス

第4章　生活科授業デザインの事例

や成就感を次の活動の意欲へと結びつけることができる。おいもパーティー
をした子どもは，サツマイモに対する気付きも深まってくる。

　さらに，教室でも「いもほり」をする設定によって，気付きを再構成する。
　ダンボールの箱を1個準備する。箱の中には，サツマイモ，じゃがいも（男
爵いもとメークイン），さといも，キュウリ，にんじん，だいこん，ごぼう，
かぼちゃ，なすなどの野菜が入っている。箱の上側に手が入るだけの穴をあ
けて，そこから手触りだけで，子どもが一人ずつ箱の中に手を入れてサツマ
イモを引き上げる。しかし，サツマイモは，手触りだけでは，なかなか当て
られない。そこがおもしろい。

「教室でおいもほりをしよう」の場面

T　みんないもほりやパーティーは，楽しかったですか。
C　はーい。（元気よく答えている。）
T　みんな，サツマイモのことは，よくわかりましたか？
C　もちろん。わかるわかる。よく食べてよく育つ。ははは‥‥。
T　それでは，この箱を見てください。これは，野菜はてな？ボックス
　　です。
C　おもしろそうだね，先生。
T　この箱の上側に穴があいています。ここから手を入れて‥‥。
C　中に何があるの？
T　この中には，野菜がたくさん入っています。
C　サツマイモ？
T　そう。サツマイモだけじゃなくて他のものも入ってますから，間違
　　わないでサツマイモを引き上げてね。
C　やるやる。はい，はい。（すごくやりたいようである。）
T　それでは，一人ずつやってもらうよ。
C　やりたい，やりたい‥‥。　　　　　　　　　　　　　　　　（略）

　形を気にしても，似たような形はたくさんある。例えば，じゃがいものメー
クインは，長細い形をしていて，小さなサツマイモのようである。なすも手

139

触りが違うと思うのに，引き上げたりする子どもがいる。土がついて，ザラザラしているような手触りのものを上げても，男爵いもやさといもだったり，長い根っこのようなごぼうだったりする。中が見えないだけに，子どもは興味が余計湧いたようである。この活動では，自分が引き上げたのは，どうして引き上げたのかの理由を必ず発表してもらう。「どうしてそれがサツマイモだと思ったの？」，「それは，形がそう思ったから」，「どんな形？」，「長細い形」また，「手にさわるとざらざらするから」とか，「でこぼこしているから」など，サツマイモに関するスクリプトが子どもからどんどん引き出せる。そして，再度，野菜の仲間分けをする。単元の導入での野菜の仲間分けの経験を活かして，今回は，実物を見ながら，手触り，形，色などで分類基準を明確にして，個々で分類していく。

その際，ゾーニングの手法で野菜カードを配布し，着色をした後で，自分の基準で仲間分けをする。

（4）単元「おおきく なってね②」の授業デザインの考察
第2学年単元「おおきく なってね②」は，「野菜を育てよう」（主に植物を対象とする：栽培）と「生き物をかってみたいね」（主に動物を対象とする：飼育）の二つの単元で構成している。

「野菜を育てよう」では，個々に育てたい野菜を植木鉢で育て，学習園で，キュウリとサツマイモを育てる。キュウリは，収穫できたら，みんなで実際に食べる活動を取り入れる。キュウリは，約200本収穫でき，子どもに順次配布して家庭の方でも食べてもらう。そのことにより，お店で売っているキュウリとの形の違いや，味の違いなど多くの気付きが出てくる。サツマイモは，クラス全員でおいも料理をして食べるおいもパーティーを実施する。

野菜を育てる活動をすれば，野菜に対する気付きを観察記録にまとめる。言語活動は国語科に依存する点が大きい。葉っぱや花びらの数は算数科につなげる。野菜が育つ様子を物語風にまとめ，体で表現する。野菜のスケッチは図工科につなげることができる。野菜づくりがハブ的役割を果たして学校生活全体へと広がっていく。生活科で実践した体験活動を他教科の表現活動につなげていく。これは，体験で獲得した情報を表現することで，可視化し

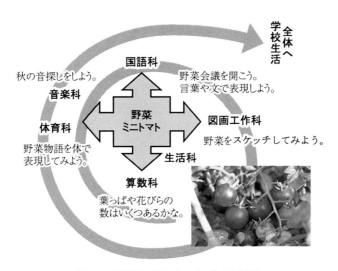

図15　体験と言葉をつなげる生活科

て知識として定着させることになる（図15参照）。

「生き物をかってみたいね」では、学習対象とした生き物は、オタマジャクシ、カタツムリ、ザリガニを対象とする。特に、カタツムリとザリガニは、いっしょに友だちになろうという設定で、二つを比較して気付きを引き出す。どちらの単元でも、「自分と比べる」ことを重視する。

生き物と関わりながら、その形態や機能、構造に目が向くと、自分と比べてみる場を設定する。そのようにすることにより、形態や構造の意味が自分と比べることにより一般化ができる。つまり、「キュウリもザリガニもぼくといっしょ……」という視点で見ることができれば、「生き物」に対する「命」の視点が出てきて、自分とは違う存在だけれど同じ仲間として位置づけることが可能である。

「こんなたまごがあったらいいな」の設定は、そのたまごが成体になるまでの心のエネルギーを含めた世話の仕方や育て方を考える必要性を子どもに意識させるものである。それは、すべての生き物が、水や栄養、太陽などのエネルギーが必要であり、植物や動物には、その生育環境を人間が考えていかなければ、人間が破壊をしていることになる。生き物が生きていくために

は，大きな存在として「太陽」という存在が意識できるようになってくる。その太陽のエネルギーに目を向けるために，虫めがね（ルーペ）を使って，紙を焦がす活動を取り入れる。もちろん，虫めがねは，光を集める学習で従来から扱われてきているが，太陽にそれだけのパワーがあることを知ることにもつながる。「先生，教室の電灯の光では，光を集めても簡単に紙は焦げないね」と，気付く子どもがいる。

「共生」という意識をもちながら，生き物に関わることができれば，後の生活における生き物との関わりを深めることができる契機になる。さらに，「共生」の意識は，自分のことがわかることにつながる。

生活科で目指したいものは，「自分のことが自分でわかる」レベルになることである。自分の身の回りの社会や生き物，自然を含めたものが，総合的によく見え始めて，改めて自分がわかることになる。対象に対する同一視を経て，共生という意識が芽生えれば，自分のことが，もっとわかるようになる。このような「わかることがわかる」，「わからないことがわかる」などのメタ認知を刺激することが教師の関わりとして大切な視点である。

2　大単元「ランドマークを見つけよう」の授業デザイン
－第1学年・第2学年「社会的空間の広がり」を中心に構成した実践－
（1）授業デザインのエッセンス

大単元「ランドマークを見つけよう」は，第2学年だけの単元だけではなく，第1学年から系統的に位置づけている単元であり，第3学年社会科「広島市のようす」や「わたしたちのくらしと商店」の単元への布石とも位置づけられる単元である。子どもは，第1学年の段階で，学校や公園を対象とした「こんな学校だったらいいな」，「こんな公園あったらいいな」という「ゾーニング」から，トータルプランニングの活動を経験してきている。

第2学年では，さらに社会的空間を広げて考えてみることを構想している。つまり，学校から学校のまわり，市の中心部への広がり，公園から駅，「子ども科学館」，「子ども図書館」などの公共施設へと広げていく。第1次の「町たんけん」の学習では，学校の回りを自分たちだけで計画をして，自分たちだけで探検をすることを位置づけ，探検の後で学校のまわりのお店に着目を

第4章　生活科授業デザインの事例

して，スーパーマーケット・コンビニのひみつを探っていく。そして，第2
次の「のりものにのって」で，広島市の中心部への探検も行い，「町」に対
する見方とともに，学習に対する自信を深めていく。子どもは，身近なバス
や電車を利用して，買い物に出かけたり，習い事に行ったりしている。自分
の家や学校のまわりだけでなく，入学した当初から広範囲に「町」を自然に
よく見る機会が多い。学区も広島市のほぼ全域に広がっており，日頃から友
だちとの情報交換によって，自分の住んでいる地域だけでなく他地域との違
いも気付きかけている。本単元は，自分たちの生活の工夫や知恵について自
覚し，社会事象をシンボリックにとらえる見方・考え方を育てるための大単
元構想の中の中核的な単元である。

　本単元の方法的能力の中心となるものは，「比べる，分ける」（比較・分類）
である。そして，その前提として，「調べる，集める，探す」（調査・収集）
が必要である。したがって，町探検によって身の回りの事象の中から観点を
決めて，様々な情報を集め，比較・分類する活動を行うことによって，その
相違点や共通点をとらえることができるようにする。そして，観点をもって
物事を見たり，比べたりすることによってそれぞれの特徴や本質が見えてく
るという認識にいたる経験をさせるものである。日常の生活経験から地域や
社会の仕組みといった広い枠組みでの社会的な認識形成を図るとともに，2
年間の生活科授業で学んだ方法原理や総合的な視点からのシンボリックな見
方を社会科へと発展する授業プランである。

　ランドマークとは，目立つ建物，塔，看板，公園など認知地図の中で目印
になるものである。町の中にある目印になるランドマークを見つけ，市全体
でも見つけていく。そして，広島や日本でもランドマークを考えてみる。

　その一方で，自分のランドマークについて考えてみる場を設定する。自分
の目立つところ，いいところ，個性をどんどん見つける。外見的なことだけ
でなく，気持ちの問題も関わり，大切な「命」のことにもふれるようにする。
そして，「自分が自信をもってできることは何か」，「自分がアピールできる
ものは何か」，「どんなことでもこれだけは……」というのが誰にでもある。
そのよさを見つけることが大切である。生活科の最終ステージは，「こんな
自分だったらいいな」ということである。「こんな自分になりたい，明るい

143

夢をもちたい」そんな夢のある設定で，自分自身の生き方が創造型になれる
ようにと願って生活科授業をデザインする。

（2）授業デザインの組み立て
①単元名　「ランドマークを見つけよう②」
②単元の目標

○事象に関わる諸情報を集めたり比較・分類する操作を通して，相違点
や共通点を明確にするとともに，集めた情報をわかりやすく，見やす
くまとめるための図表の書き方・描き方が分かり，身の回りの事象を
シンボリックに見ていくことができるようにする。

③単元の計画（全36時間）
　　第1次　町たんけん ……………………………………………… 12
　　　　　　　1　たんけんたいレッツゴー ……………………………… 8
　　　　　　　2　スーパーマーケットのひみつ ………………………… 2
　　　　　　　3　こんな町があったらいいな ……………………………… 2

　　第2次　のりものにのって ……………………………………… 14
　　　　　　　1　いろいろなのりもの …………………………………… 2
　　　　　　　2　のりものにのってでかけよう ………………………… 8
　　　　　　　3　ひろしまってこんな町 ………………………………… 4

　　第3次　○○○のランドマーク ………………………………… 10
　　　　　　　1　広島のランドマークを見つけよう …………………… 4
　　　　　　　2　友だちや自分のいいところ …………………………… 2
　　　　　　　3　こんな自分だったらいいな …………………………… 4

第4章　生活科授業デザインの事例

（3）授業展開の概要

第1次　町たんけん　　　　　（12時間）

①たんけんたいレッツゴー

　学校のまわりを探検する計画から始める。探検は，子どもだけで行うので安全面にも十分配慮しなければならない。班での約束や探検ルートなどを話し合う。ある程度探検のためのルートが決まれば，探検カードや班のシンボル旗，バッジなどを作り，探検の雰囲気を盛り上げられるようにする。1年生のときも学校のまわりを歩いて探検をするが，今回は，先生が連れていくのではなく，自分で決めたルートを自分たちだけで探検をする。（実際の探検時には，保護者の協力を願うことになる。）いよいよ探検に出かける。教師は，自転車で主要な場所や車の往来のはげしい道路で何気なく見守るようにする。探検を終えて学校へ帰ってくる子どもは，楽しそうな笑顔でいっぱいである。

　　「エディオン」で見つけたよ　　　　　　　　　　たけし
　エディオンでれいぞうこがありました。おにいちゃんに「れいぞうこをあけていいですか。」ときいたら，「いいよ。」といいました。そしてあけてみると<u>ほんもののカンやビールのびんがはいっていました。</u>だから，ぼくは，びっくりしました。
　　「エディオンであそびばを」見つけたよ　　　　　　ゆり
　エディオンは，でんきせいひんがとくにたくさんあります。<u>でも，おくにあそびばがありました。</u>ボールがたくさんあって30人ぐらいはいれそうでした。ほかにブロックやつみきなどのあそびものがありました。ホースやカセットがあります。わたしがマンションにすんでいたときのでんきがありました。あのあそびばであそんでみたいな。

　町たんけんでは，探検をしての発表会で終わるのではなく，探検したときの気付きを再構成することや，探検した体験を自分の経験として活かし，自分の家のまわりも自分で探検してみる契機となることをねらっている。

②スーパーマーケット・コンビニのひみつ

　学校のまわりのランドマークを探す活動から入る。県病院，ポプラ（コン

145

ビニ），ちから（うどん・おにぎり），郵便局，イオン，児童公園，市内電車
などがあがってくる。それらを配置して，学校を中心にした簡単な認知地図
に作りあげていく。自分たちが探検したルートを書き入れ，場所を確認した
上で，学校からそれぞれのランドマークまでの行き方や，位置関係を説明す
る。東西南北は教師が説明をしながら，認知地図上で，学校を中心にして，
上下左右で確認をしていく。学校を中心としてランドマークを位置づけたら，
それぞれのランドマークのひみつを探っていくことにする。そのひみつは，
子どもからカードやノートで提示されていたものを活用する。授業の中で取
り上げて気付きを再構成していくことにする。次の話し合いは，電器店であ
る「エディオン」のひみつで電器店の中に遊び場があることを見つけたこと
に関して気付きを再構成したものである。

────────「エディオンに遊び場があるのは？」の場面 ────────

T　もう一度探検するならどこへ行きたいかな？

C　猫田記念体育館がいいな。楽しそうだから。

C　私は，エディオンがいい。遊び場があったのでもう一度行きたいな。

T　遊び場？エディオンに遊び場があるの？

C　そうだよ。すべり台があるよ。

C　ブロックもあるよ。

T　どうして電器店に遊び場がいるのかな？

C　子どもが遊ぶんじゃないの？

C　子どもは，遊び場があるとうれしいもの。

T　でも，公園じゃないんだから遊び場なんていらないじゃない。

C　いや。いるよ。

C　あった方が楽しいもん。

C　お母さんといっしょに買い物へ行くと，いつも待たされるの。それで，
　　子どもが待っているあいだにそこで遊んでいるためじゃないの。

C　電器製品は，いろいろ種類があるから迷うでしょ。小さい子がいた
　　らお父さんやお母さんがゆっくり選べないでしょ。だから子どもは，
　　遊び場にいるの。遊んで待っているの。

第4章　生活科授業デザインの事例

C　そうそう。どの冷蔵庫にしようか，どのテレビにしようかと迷うで
　しょ。
T　お客さんが？
C　そう。子どもは，冷蔵庫なんてどれでもいいもん。ハハハ・・・。
C　だから子どもは，待ってるの。遊び場で。そごうでも子どもが待っ
　ている遊び場があるよ。
T　なるほど。そのために遊び場がいるのか。
C　そりゃあ，おみせの人も考えているよ。　　　　　　　　（略）

　このような気付きを再構成する活動を繰り返す。「ポプラで一番よく売れ
るものは何？」，「郵便局と銀行は，どこが違うの？」，「猫田さんってどんな
人？」,「イオンとポプラは，どこが違うの？」,「イオンは，どうして楽しい
の？」などである。子どもからのひみつが出されたところでもう一度探検し
たい，確かめたいということになる。そして，2回目の探検を計画する。も
う一度探検することにより，新たな「見方」でランドマークを見つめること
ができる。

　　6月2日（日）「町たんけんで見つけたよ」　　　　　　あんな
　水曜日，金曜日で町たんけんをしました。このあたりで一番大きいた
てものはけんびょういんとイオンでした。けんびょういんには，びょう
いんのかんじゃさんや，入いんしている人や，おみまいにくる人，はた
らいているおいしゃさんやかんごふさんなど，たくさんの人があつまり
ます。その人たちのおひるごはんや，おみまいの花や入いん中にいるき
がえや本など，びょういんのまわりにお店があつまっています。なので，
べんりです。わたしが入いんしているとき，イオンに行ってぜんぶすま
せました。おかあさんのごはんもみんなちかくの店ですみました。町は
大きなたてものがあると，つぎつぎ店がふえます。店がもうかっています。
でも，ちかくにぶつだんやがあるのですこしこわいです。

　Aさんの「大きな建物ができると，そのまわりにどんどんお店ができる」

147

という視点は,「町」を見ていくときのキーワードを与えてくれている。ランドマーク見つけを学校のまわりだけでなく,自分の家のまわりや広島市全体へと広げてランドマークを一般化してとらえてくれる子どもが増えてくる。

6月2日（日）「町たんけんくらべ」　　　　　　　　けんた

　いえのちかくの町たんけんと学校でした町たんけんをくらべてみました。おなじところは,バスや車がよくとおるところにみせが多かったです。そのみせがあるところは,かたまってできています。それから,うみのちかくになるとそうこや,こうじょうが多くなってきます。おきゃくさんは,あちこちいかなくても,ちかくにみせがあるとまとめてかいものができるからべんりだと思います。おみせの人も人がたくさんあつまるほうがよくうれていいと思います。ちがうところは,さかは,いえのちかくのほうが多く学校のちかくは,すくないです。ようこうだいは,山をけずってじゅうたくちにしたけれど,学校のちかくは,むかしからあるとちだからだと思います。みせの数やびょういんの数は,学校のちかくのほうが多いです。すんでいる人の数が多いのかもしれません。もう一つのちがいは,でん車が学校のちかくはとおっているけど,ようこうだいは,とおっていないことです。くらべるといろいろなちがいや,おなじところをみつけることができました。ふぞく小学校とむかいなだしんまち小学校ととしがちがうように,町も年がちがうのでいろいろなちがいがあるのかもしれません。

6月9日（日）「私の町ってこんな町」　　　　　　　　あいか

　近くのしんせきのおばちゃんにインタビューしてみました。おばちゃんがすみはじめたのは昭和39年でそのころの家は,木ぞうが多かったそうです。お店などは,文房具店一つだけだったそうです。でも今はありません。となりののぼり町の方にももっとお店がたくさんあってにぎやかだったそうです。今のようにどんどんビルやマンションがたちはじめたのは,平成に入ってからで,それまではすんでいる人の少ない町だったそうです。お店は,少ないけど,広島えきの方や八丁ぼりへは歩いて10分ぐらいなので買い物にもこまりません。こまることは,夜おそく広

第4章 生活科授業デザインの事例

> 島えきについてもちかすぎて，タクシーにのせてもらえないと言ってい
> ます。私の家とおばちゃんの家は歩いて4分ぐらいですが，私の家の方は，
> 道ろに近いし工じもやっているので，うるさく，おばちゃんの家は，し
> ずかです。私はずっと今の家にすみ，町のうつりかわりを見ていきたい
> と思います。これからお店が少しでもふえるかどうか見てみたいです。

　町たんけんをすること自体に目的を置いた実践ならば，このような気付き
は出てこない。ランドマークという「町」を見る視点を自分なりに獲得し，
気付きを再構成する場を設定したことで，子どもの「町」に対する見方が深
まっている。
③こんな町あったらいいな
　ランドマーク見つけが進んで，どんな町に住みたいかを考えてみる。

―――――「ランドマークを仲間分けしよう」の場面―――――

T　みんなは，どんな町に住みたいですか。
C　楽しい町がいい。
C　便利な町がいいな。
C　遊園地がいっぱいある町がいいです。
C　やっぱり安全じゃないとだめだよ。
C　ぼくは，静かなところがいいです。
C　無人島がいいな。
T　無人島か。でも，食べる物がないとさみしいよ。
C　魚つりするもの。
C　毎日，魚ばっかりじゃいやだな。
C　やっぱり都会がいいよ。何でもあるし。
C　ぼくは，いなかがいい。静かなところが絶対いいよ。空気もきれい
　　だし。
T　ははは。まあ好みは，いろいろあるね。それじゃ，ランドマークのカー
　　ドをそれぞれ仲間分けしてみようか。
C　やりたい。やりたい。　　　　　　　　　　　　　　　　　　（略）

149

子どもが，どんな町に住みたいかという視点は，大きく分類して次のようにまとめられる。子どもは，ランドマークにそれぞれの思いがあるようで，見方や思いによってランドマークの意味も違ってくることをとらえ始めたようである。

	子どもたちの思い	町づくりの基本的なキーワード	
1	平和な町に	平和 ・・・・・・・・・・・・・・・・・	国内・国際交流
2	自然いっぱい 静かなところ	自然環境 ・・・・・・・・・・・・・	緑と空間，市街地の形成
3	安全な町に 便利な町に	安全性・快適性 ・・・・・・・	快適な生活環境，公共交通機関の交通体系，生命・財産の安全
4	ゆったり しあわせ	健康・幸福 ・・・・・・・・・・・・	心身の健康，福祉・差別のない社会
5	買い物が便利	安定性 ・・・・・・・・・・・・・・・・	生産・流通・消費
6	遊べるところ スポーツできる 学習できるところ	人間性 ・・・・・・・・・・・・・・・・	コミュニティ活動，教育・文化 スポーツ・レクリエーション

「町たんけん」の単元では，「町」そのものの認識を深めるとともに，「町」で生活する自分たちの姿を明確にとらえさせようとするものである。「町」の中にある施設や建物をあげてグルーピングを行い，分類したものを定義づけることにより，「町」にある建物や施設のもつ必要不可欠な要素を考える。さらに，「ひろしま」（学区の範囲）を自然や社会的条件からの立地や形態及び都市機能の地域分化という視点から，学区全体のゾーニングへと試みていく布石として，「のりものにのって」の単元へ移行する。

第2次　のりものにのって　　　（14時間）

①いろいろなのりもの

町探検では，学校のまわりや自分の家のまわりを対象としている。子どもは，乗り物を利用して遠くの町まで，友だちといっしょに出かけたいという

願いが出てくる。普段，いつも電車やバスを利用している子どもは，乗り物
に乗ることには慣れている。バスの乗り方や電車の乗り方も自信をもってで
きるようである。マナーやルールの問題は，適宜，学習していくことにして，
乗り物を分類する活動から入ることにする。今まで乗ったことのある乗り物
や見たことのある乗り物を発表する。出てきた乗り物を分類して，乗り物に
は，いろんな種類があることをとらえる。

　子どもから出てきた多くの乗り物の分類の基準が出されるが，その基準を
まとめると，次のように，大きく五つに分類できる。

①	公共性に関係すること ………………	みんなを運ぶものか自分や家族を運ぶものか。人を助ける車など。
②	形態に関係すること …………………	車輪はあるか，ないか。翼やプロペラがあるか。二輪か，四輪か。など。
③	機能や構造に関すること …………	動力は何か。動いている場所はどこか。レール，道路，海，空など。
④	目的に関すること …………………	仕事用か，娯楽用か。
⑤	利便性に関すること ………………	速いか遅いか。大量輸送ができるか。など

　乗り物について子どもにたずねると，必ず遊園地にあるジェットコース
ターやメリーゴーランドなどが出てくる。その時に，その乗り物も認めた上
で，ジェットコースターやメリーゴーランドを体で表現させる場を設定する。
動作化によって，それらの乗り物は，移動はするけれども，遊園地の中だけ
での移動や，その場だけの動きであることがわかる。今回の分類では，「人々
が移動するため（仕事や旅行，遊びなど）に使う」乗り物に焦点化して追究
をすることにする。

②のりものにのってでかけよう

　子どもが，毎日利用しているバスと電車の比較から，それぞれの乗り物の
便利なところや不便なところを出し合う。その際，子どもにただ比較をさせ
るのではなく，普段，バスや電車で学校に来るときの様子をシミュレーショ
ンのように劇化して行う。電車の運転手や乗客の様子，電車の中で流れるア
ナウンスの声などとてもうまく演じる子どもである。定期やバスカードを
使って毎日利用している子どもは，目だけでなく耳も働かせていることがよ
くわかる。

―――――――「バスに乗ったとき」の気付きを引き出す場面 ―――――

T　バスに乗ったときのことを前で教えてくれない。

C　ぼく運転手になる。

C　私は，アナウンスをする。

T　<u>どんなアナウンスをするの？</u>

C　「整理券をお取りください」と言うの。

C　そのときに他のことも言うよ。

T　何？どんなこと？

C　「ブー」とブザーの音がいるよ。（ははは ・・・ 笑い）

C　「危険物は，持ち込まないでください」も言うよ。

T　<u>それは，どんなときに言うの？</u>

C　バスに乗るときだよ。ドアが開くと，ずっと何回もドアが閉まるまで
　　言っているよ。（「危険物は，持ち込まないでください」と何度も言う。）

T　わかった。わかった。バスを乗るときにね。乗ってからは？

C　「次は，御幸橋。御幸橋です。」

T　<u>次のバス停の名前を教えてくれるんだね。</u>

C　まだ，他にも言うよ。「ピンポン」と言って。

C　「次は，御幸橋。御幸橋。お食事どころ御幸寿司前です」って言うの。

T　<u>御幸寿司というのもつくの？</u>

C　そうそう。「次は，竹屋町。広島三育学院小学校・幼稚園前です」なん
　　かもあるよ。

C 「次は，富士見町。広島信用金庫本店前です。」

T いろいろあるね。

C バスの中で宣伝もしているんだよ。

T 他には？

C 「事故防止のため，やもうえず急停車することがありますので，お立ちの方は，にぎり棒などにおつかまりください」とも言うよ。

C 「ご乗車ありがとうございます」とお礼も言うよ。

T これは，アナウンスの人は，たいへんだね。

C テープで言っているので，テープに録音したらいいよ。 （略）

　同じように電車でも行い，バスや電車の違いから，安全や衛生，定刻運行，快適サービスなどの工夫を導き出す。子どもは，普段，何気なくバスや電車を利用しているが，耳から何度も自然に入ってくる情報はよく覚えている。気付きがどんどん出てくる。今度乗るときに，もっとくわしく調べておこうという活動の契機となったのは，言うまでもない。そして，「こんな○○○になるといいな」という設定で，乗り物に対する自分の思いを表現していく。

　　11月6日（水）「バスていにあればいいな」　　　　　あんな

　毎日，バスていに立っていて私は思いました。バスていに○○○○○があったらいいなです。たとえば①ごみばこ②時計③いすなどです。①番だったら，ごみがおちていたりするときにすてたりしたらべんりです。②番だったら，バスがくる時間を調べたりするのにべんりです。③番だったら，バスをまつときにべんりです。ほかに，やねがあったらべんりです。雨の日かさをわすれても，あまりぬれずにすむからです。もし，できるなら作ってほしいと思います。あと，バスていのまわりのち図があったら，はじめてのばしょでもち図を見たらわかります。ほかは，電話ボックスもあればいいと思います。むかえにきてほしいときとかに，しらせるのにべんりだからです。今，旭町のバスていには，いすとごみばこだけがあります。

Aさんは，毎日利用している「バス停留所」を取り上げている。「バス停」を通して，自分の身の回りの社会をよく見ている。公共の交通機関を利用するには，マナーが大切である。資料6は「電停にあったらいいな」と考えてくれたTさんの作品である。通学する時は，いつも満員電車。疲れるので，子どもでもいすがほしいと訴えている。

　学校から広島市の中心部である原爆ドーム周辺の探検を行うことで，学校の回りの様子との違いを見つけるとともに，公共の乗り物を利用することによって公共性にも関わる活動として位置づける。市内電車を利用して広島の中心部に探検へ出かける。

　子どもとの話し合いで，広島市にある公共施設で，どこへ行きたいかを話し合う。行ける範囲ということで，子ども文化科学館を中心に探検を計画する。子ども文化科学館の2階には，広島市のパノラマに模型の電車を走らせているアトラクションや，子どもが科学に親しめるコーナーも豊富にあり，

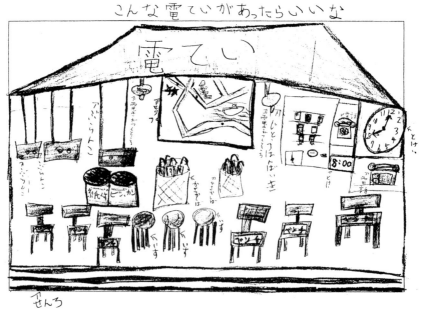

資料6　こんな電停があればいいなの例

ここだけでも1日楽しめる施設である。また，隣には，子ども図書館が併設
されており，原爆ドーム，平和記念公園，広島城と，広島のランドマークが
集中している都市機能の中枢地域でもある。

「町たんけん」のときのように，探検カードや探検マップ等を準備して，
出かけることにする。電車で，班ごとに出発をする。集合場所は，原爆ドー
ム前として，全員が集合したら，探検に出かける約束とする。昼の弁当は，
班で決めた場所で班のみんながそろって食べ，帰校する。

探検の目的地である子ども文化科学館では，アトラクションで楽しく遊ん
でいる。子ども科学館があるゾーンは，市民球場や体育館，図書館など落ち
着けて，しかも安全に過ごせる場所なので引率している者も安心できる場所
である。学校のまわりと子ども文化科学館のある場所は，同じ「町」でもた
くさんの違いが見つけられたようである。

　　　12月1日（木）　　「のりものにのって」　　　　　　　けいじ
　27日の生活科の時間に「のりものにのって」のたん元で広島市の中心
部に行きました。ぼくたちの乗った乗り物は，路面電車です。バスは，よ
いやすい人がいるし，電車の方が安くてたくさん乗れるからです。<u>広島
にきて電車がたくさん道路を走っていてびっくりしました。今は，毎日
のっているのでなんとも思いません。</u>もし，路面電車がなくなったら道
路が広くなって車はいいけどぼくたちはこまります。<u>路面電車は，ＪＲ
とくらべてえきとえきのあいだがみじかいです。電ていと電ていのきょ
りは，だいたい200m～300mで長い所は，600mぐらいです。八丁ぼり
やかみや町や本通のように人がたくさんあつまる所の方が，きょりがみ
じかいです。路面電車は，行きたい所のすぐ近くまで行けるのでべんり
です。かいだんを上がったりおりたりしなくても乗れるから楽です。</u>

　K君は，府中町に住んでいる。学校まで毎日，電車で通っているが，入学
した当初は，電車が道路と同じ場所を走っているので驚いている。電車は，
レールの上を走るのであるが，そのレールが道路と同じ高さで，同じ方向に
走っているのが不思議だったそうである。今回の「のりものにのって」で改

めて,市内電車を見直し,JRと比較をしている。算数科で,「長さ」の学習をしている時期でもあり,メートルの学習とも関連づけて気付きを深めている。これは,生活科によって,身の回りの社会を,算数科を活用して見ている例である。

③ひろしまってこんな町

「のりものにのって」の総括として,1枚の大きな模造紙に探検した紙屋町周辺の探検マップをつくる。パンフレットの中にある写真やイラストをマップに切り抜いて貼ったり,撮影した写真をうまく活用したり精力的に取り組む。まとめ方を見ると,全体を紙屋町と考えて,マップの中にうまく配置している班や,線路をうまく活用して探検の道筋を表現していたり,ひたすら乗り物を描いて表現したりと,まとめ方も個性的になる。

第3次 ○○○のランドマーク　　　　（10時間）

「ランドマークを見つけよう」のまとめとして位置づけられる単元である。「○○○のランドマーク」とは,○○○に様々な視点を当てはめて,ランドマーク見つけをすることによってランドマークを一般化していくレベルである。

①ひろしまのランドマークを見つけよう

　広島のランドマーク見つけは,「ひろしまってどんな町」の単元で,プラ

写真2　乗り物に乗っての町探検のようす

第4章　生活科授業デザインの事例

レールを活用しているが，引き続き，プラレールで，広島の町づくりをして
いく。プラレールのレールをどのように配置するかが，広島の主なパス（道）
を位置づけることにつながる。そして，ランドマークを配置する。原爆ドー
ム，平和記念公園，広島城，宮島，広島駅，そごう，天満屋，本通り商店街
など。子どもは，目立つ建物をまず，ランドマークとしてあげている。平仮
名で「ひろしま」と書いているのにはわけがある。「ひろしま」というのは，
広島県の「ひろしま」ではあるが，広島市と限定をかけた「ひろしま」では
なく，子どもが住んでいる地域全体を「ひろしま」ととらえている。海田町
や，府中町も「ひろしま」であり，反対に，附属小学校の子どもがほとんど
いない安佐南区は，ほとんど「ひろしま」には入っていないことになる。でも，
宮島は，「ひろしま」と位置づけている。つまり，住んでいる地域に加えて，「ひ
ろしま」らしいものは，子どもの抽象的価値判断基準に基づいて「ひろしま」
と考え，ランドマークとして位置づけている。

　さらに，「ひろしま」らしさを音で考える。「ひろしま」と言えば‥‥？
お好み焼き，牡蠣などの食べ物や原爆ドーム，広島城などの建物，施設，交
通機関，商店街などたくさんあるが，自分の家の近くに「ひろしま」に関係
するものがあれば，録音する活動を行う。「町」の音を中心に録音する活動
である。近くに港があれば，港らしい音があるだろうし，工場があれば，工
場らしい音がある。そのための契機とするために，まず，教師から音を聴か
せて，何の音かをあてるクイズをする。ＪＲや市電，アストラムラインなど
それぞれの音でも交通機関の違いがよくわかる。耳をすませると，音からだ
けで，自然や季節感，町のようすがわかる。バスや電車の車内の案内のアナ
ウンスでも同じように，子どもは，「ひろしま」に対する耳からの刺激によっ
て，ランドマークは，見えるものだけではないということの認識が深まって
いく。また，Ｋ君は，目で見えるものだけでなく，「におい」のランドマー
クというおもしろい視点を提供する[4]。お好み焼きを鉄板で焼く音を録音
して，音のランドマークとして紹介してくれる子どもも出てくる。

　日本には様々な文化があり，風土があり，そこには様々な音が存在する。
音によって不快に感じたり，癒されたりする。音がつくる風景は，時代と社
会の姿を凝縮している。

157

2月5日（水）　　「においのランドマーク」　　　　　けいじ
　Uくんと学校の帰りに歩いていたら，しょうゆのにおいがぷんぷんし
てきました。そこは，「味日本」の工場でした。かんばんにも〈しょうゆ味〉
と書いてありました。ぼくは，においにもランドマークがあるんだなぁと
思いました。学校の前の電ていについたらはいきガスのへんなにおいがし
ます。府中大川のそばをとおると，海のにおいがときどきします。広島の
においのランドマークナンバー1は，おこのみやきのにおいかなぁ。それ
ともかきのやくにおいかなぁ。ほかにも，せ戸内海のしおのにおいかなぁ。

　Rさんは，自分の身の回りから広島という大きな地域にランドマークを拡
げると同時に，教師のふるさとを例にあげ，他地域で考える視点を投げかけ
てくれる。

　　　2月2日（日）　　「ランドマーク」　　　　　　　　るい
　ひろしまと言えばまつたけです。まつたけは，赤松林でとれます。私
のおばあちゃんは9月下旬から10月の下旬までまつたけをうら山までと
りに行きます。国さんのまつたけはほとんどひろしまさんだそうです。
カキも食べものでは，有名だけど，私の家はなんといってもまつたけです。
まつたけは，毎年はえる所がきまっていて，そのことをしろと言うそう
です。私の家のランドマークは，しんかんせんですが，おばあちゃんの
家のランドマークはまつたけ山かな。先生のふるさとえひめは，やはり
みかんですか？それから，ぼっちゃんゆかなぁ。松山じょうもですね。

②友だちや自分のいいところ
　子どもは，入学してから，1冊のノートを使っている。みんなの感動や思
いをいっぱい咲かせるためにノートは，「ひまわり」と命名されている。自
分が生活をしている中で見つけたことを先生に報告をする。教師は，それに
対して朱書きをして返す。その行為は，教師と子どもの心の交流である。「ラ
ンドマークを見つけよう」の単元では，子どもが自分の住んでいる町のラン

第4章　生活科授業デザインの事例

ドマーク見つけから，広島のランドマーク見つけ，そして日本へと視野が広がる一方で，自分自身のいいところをランドマークとして考え出す。「みんな一人一人にいいところがあるんだ」という教師の思いが，子どもにも伝わったようである。「ひろしま」や学校のまわり，自分の住んでいるところのラントマークから，自分のランドマークへと視点を向けてくれたAさんは，「町に目印があるように，私にもちゃんと目印があるよ」と気付いている。

　　　2月4日（火）　　「ランドマーク」　　　　　　　　あんな
　　私は，今，生活科でランドマークを見つけようで，私が紙にかいたのは，ひじ山中学校でした。ほかにも，TSSや大河小学校，青バスのしゃこ（旭町行き）などいろいろあります。みな，近くて，地図にものっているような大きなところです。もし，また大きなところができたら，ランドマークになります。学校の近くの家の人だったら，やはり学校がランドマークになると思います。たとえば，学校の前にコンビニやスーパーがあったらコンビニやスーパーにとって大じなランドマークだと思います。その学校にとっても，○○スーパーは，ランドマークだと思います。ランドマークは，めだっていいと思います。○○さんの家がわからない時，ランドマークがあれば，すぐにわかります。<u>私のランドマークは，ヘアバンドをしていてかみはおかっぱでせが高いです。</u>ランドマークはべんりです。
　　　2月8日（土）　　「ぼくのランドマーク」　　　　　　けんた
　　町のランドマークは，だれでもわかるめじるしでした。だから，自分のランドマークというときは，その人だけにあるめだつところだと思います。ぼくのばあいは，
○　　1日も学校を休まないぐらい元気
○　　ひくいけど大きなこえ
○　　スポーツが大好きなこと
○　　クラスで一番に学校についていること
○　　あたりまえだけど，いのうえけんたという名前
　　名前を言わないまでもこのランドマークを言えば，ぼくだとわかります。友だちのランドマークを聞いてだれかをあてるクイズをしてみたい

> です。それから，ほかの人は，ぼくにどんなランドマークをつけてくれるのか聞いてみたいです。家の人にきくと，このほかに，すぐ友だちをつくれることと，すききらいのないこともあるよと言われました。

　Aさんの自分のランドマーク見つけをきっかけとして，自分のランドマーク見つけがクラスに広まる。授業で取り上げ，子どもの写真（生まれた頃から幼稚園ぐらいまで）を提示して，誰かをあてるクイズをする。誰かわかっても，その子の名前で言わないで，その子のランドマークを言ってわからない人にヒントを与えるという方法で，友だちのいいところを見つける活動をする。クラスは，大騒ぎになって，子どもの頃の写真を食い入るように見つめる。自分の写真が出た子は，恥ずかしそうにしながらも，友だちが自分のことをどんな風に思ってくれているのかを知るとともに，自分のいいところを知ることにもつながる。授業では，自分の家のまわりのランドマーク見つけを進めながら，自分だけでなく家族のランドマーク見つけも始まる。

写真3　友だちのランドマーク見つけ

第4章　生活科授業デザインの事例

> 2月19日（水）　　「私の家族のランドマーク」　　　　あやか
> 　私の家族にはランドマークがたくさんあります。お父さんは，とっても
> 足がはやくむかし国体せんしゅで，優しいです。お母さんは，美人で色が
> 白くて優しいです。私は水泳がとくいでピアノもじょうずで，計算がとっ
> てもはやいです。おとうとは，べん強がよくできとってもかわいいです。
> 死んだら，じぶんにとっても悲しいし，家ぞくにとっても悲しいです。で
> も，生きていたら，自分にとってもうれしいし，家族にとってもうれしい
> から，やっぱりせき先生が言ってくれたように，いのちは大切です。

　家族を見ることによって，その中で生きている自分という存在を意識する。
さらに，K君は，見えるものと見えないものでランドマークを見つける。一
つの視点だけでなくランドマークの視点がどんどん広がりを見せる。

> 2月20日（木）　　「見えるランドマーク見えないランドマーク」
> 　　　　　　　　　　　　　　　　　　　　　　　　　　けいじ
> 　きのう，生活科でみんなの小さい時の写真を見ながら，その人のラン
> ドマークを発表しました。町のランドマークは，よく見えてめだつもの
> だけど，ぼくたちのランドマークには，目には見えるものと目に見えな
> いものがあるのに気付きました。目に見えるものは，せがあまりたかく
> ないとか，せがたかいとか色が黒いとか，かみが長いとかです。目に見
> えないものは，おとなしいとか，足がはやいとかたくさんありました。
> 目には見えなくても2年間いっしょのクラスで，すごしてきたのでみん
> なのことがよくわかります。あと，かわっていくランドマークもあります。
> ぼくもいつか，せが高くなるかもしれません。3年生になったらクラス
> がえがあって2部2年じゃなくなるけど，元2部2年で，せき先生の教
> え子だということはずっとかわりません。同じことでもランドマークに
> なったりならなかったりすることもあります。学校の中では，ふ小の子
> どもというのはランドマークにはならないけど，ぼくの住んでいる山田
> では，一人しかいないので大きなランドマークになります。

161

見えるランドマークは，過去のものになると，見えないランドマークになるという時間の経過の中で，ランドマークという視点をK君は，与えてくれている。そのことは，自分だけではなく，クラス全体のいいところを見つけ，ずっと今の気持ちを忘れないでおこうという活動に展開する。自分たちのいいところをビデオに残しておくという活動の契機になっていく。

２月22日（日）　　「２部２年のいいところ」　　　　　　　ちさ

　私たち２部２年は，いいところがたくさんあります。
① 　やさしい人がいっぱいいること。
② 　にぎやかで元気いっぱいなこと。
③ 　教室がきれいなこと。
④ 　おもしろい人がたくさんいてたのしいこと。
⑤ 　せき先生がおもしろいこと。

　私は，これから自分のいいところをたくさんつくっていきたいです。そして，みんなのいいところを見つけてだれとでも仲よく遊べるようになりたいです。私は，３年生になってもこのままのクラスだったらいいなと思います。

---

③こんな自分だったらいいな

　「個性」というのは，「自分が自信をもってできること」である。どんなことでもこれだけは‥‥‥というのが誰にでもある。そのよさを見つけることは，大切なことである。みんなには，生きている「命」がある。生きているからこそ遊ぶこともできるし，勉強だってできるし，友だちとも話せるし，笑えるし，自由に考えを言葉で発することもできる。その「よさ」を見つけてさらに，自分の個性を発揮してほしい。子どもたちが発表してくれた自分のランドマークの一部を紹介する。

○ぼくは，かたづけをまい日一人でして，家がきれいです。　　ゆうすけ
○きまっているルールをちゃんとまもれる。　　　　　　　　　こうき

第4章　生活科授業デザインの事例

○いつもネタをもっている。ぼくは，うたがすき。　　　しょういちろう

○じしんがあることは，いじめられてもなかないことです。　　みつあき

○絵がじょうずにかけることです。　　　　　　　　　　　　　　りょう

○ぼくは，走るのは，本気を出せばクラスで一番です。　　　　　まさる

○おてつだいができます。サッカーとテニスがうまい。　　　　ともひろ

○自分のいいと思うところは，走ること。かけっこやリレーには，まけ
　ないぞ！というじしんがあります。　　　　　　　　　　　　めぐみ

○自分がじしんをもってできることは，絵や工作です。　　　　　ゆり

○本がすきなこと。文を書くのがすきなこと。ヘアバンドをしていて，
　せがたかい。おかっぱな子。マイペース。　　　　　　　　　あんな

○私は，ジャズダンスが大好きです。　　　　　　　　　　　　　あい

○どうぶつが大すき。どうぶつにすぐさわれることです。　　　ゆみか

○バイオリンをひくことが，じしんをもってできることです。　　りか

　自分のよさを見つけることは，とても大切なことである。人が何と言おう
と，自分のよさを伸ばしていけるような気持ちをもつことが大切である。子
ども一人一人が自分のランドマークと「こんな自分だったらいいな」と八つ
切りの画用紙1枚に自分らしさを表現する。

（4）単元「ランドマークを見つけよう②」の授業デザインの考察
　「ランドマークを見つけよう②」の単元は，社会的空間の広がりの中で，
ものの見方を「シンボリック（象徴的）」に見ていくための中心的な単元で
ある。シンボリックに見るとは，事実や事象をそのまま追究していくのでは
なく，一つの事象や事実を一つの入口として，その背後関係にまで迫ってい
くという見方を模索している。具体的には，事実だけにとらわれるのではな
く，一つの建物や施設から総合的な視点で自分なりに考えてみるということ
を位置づけている。
　本単元は，2年生に位置づけられた単元であるが，第1学年から「ランド
マークを見つけよう①」というシンボリックな見方を育てるための単元とし
て，「がっこうたんけん」や「公園へ行こう」，「冬を楽しく」の単元を位置

163

写真4　こんな自分だったらいいな（自分のランドマーク）の活動

づけている。まず,「がっこう　たんけん」の単元では,学校探検の活動の中で,見つけたものを大地図に貼る活動を通して,位置認識を高めていく。ただ,そこにあがってくるものは,単なる事実の集まりであり,なぜそこに,その物があるのかは問われない。保健室を見つけた,売店の前で自動販売機を見つけたで終わっている。「何のために,そこにあるの？」と社会的事象の意味を考えてみる場を設定する。そして,各教室や特別教室,遊具や花壇,売店などの位置関係がわかってくると,学校の全体図の中をいくつかのブロックに分け,「○○ゾーン」と命名していく。ここは,花壇や木が多いので,「しぜんまんきつゾーン」だとか,遊具が集まっている所は,「あそびだいすきゾーン」。運動場は,そのものずばり「うんどうゾーン」。見つけたことの報告だけでなく,各ゾーンの存在意義や意味を考えていく場を位置づけている。

　「公園へいこう」の単元では,公園へ行って楽しく遊ぶ中で気付きを引き出す。ゾーニングする場は,ぶらんこ,すべり台,ジャングルジム,砂場,ベンチなどの施設カードを使ってクラス全体で一つの公園プランニングをする中で個々の施設の持つ意味を考えていくことで,「公共性」と結びつけて

いる。

「冬をたのしく」の単元では，子どもにとって身近な「住まい」を取り上げる。ゾーニングする場は，「冬を○○○すごすへやづくり」として行う。子どもは，教師が簡略化して黒板に設定した夏の部屋を冬の家具類や電気製品などを用いて作りかえるのである。どのような冬の部屋が望ましいかを検討する。「住まい」を軸に「季節の移り変わりやそれに対応した自分たちの生活」という視点を意識できるようにする。もちろん，家具類をどこに置くべきか，空間はそれで十分かなどで子どもの間にやりとりが続くが，「あったかく」や「のんびり」といった抽象的価値判断基準に基づいた同類の質的比較によって部屋づくりを見直していくものである。

そして，第2学年になり，「町たんけん」で，子どもは，自由に学校のまわりを町探検をして「見つけたよ！きいたよ！」と情報収集をする。情報を整理する意味でマップづくりをした後で，「こんな町があったらいいな」という設定で気付きを再構成していく。子どもは，あらかじめ教師が準備していた町の中の施設や建物のカードを使って，公園や遊園地，スポーツセンターや野球場，サッカー場，ゲームセンターなどの遊戯施設，デパートや商店街，駅や電車，バスなどの交通機関を自由にゾーニングしていく。仲間分けをする中で，駅が遊び場であったり，移動のための大切な建物であったり，町の中にある施設や建物は，目的や個の思いによって存在意義が変化することにも気付いてくる。さらに，トータル・プランニングする場を設定し，ランドマークを配置して，町づくりを行うことによって「町」に対する認識を深める。「のりものにのって」の単元で，乗り物を利用して，校区という空間から市の中心部や自分の興味ある場所へと対象空間を広げていくことによって地域的な比較も試みる。「ひろしま」というのを対象化していく一方で，「○○○のランドマーク」によって，今まで取り組んできたランドマークを「町」に配置しながら，「ひろしま」という地域において，「町」全体をゾーニングしていく。もちろん，位置関係だけでなく，自分の住んでいる町の「音」集めや「祭り」を視点にした四季変化にともなうランドマークの変化，「ひろしま」とは違う地域や外国との比較によって，「町」の見方を学んでいく。そして，最終ステージとして，「こんな自分だったらいいな」の設定をしてランドマー

クの一般化を図っていく。このランドマーク見つけの反復と継続により，社会的空間の広がりの中でも，シンボリックに見ていく方法を体得していくことによって，第3学年以降の学習へとつなげていく。

　最終ステージで，自分のよさ，クラスのよさといいところを見つける活動は，みんなにこれから生きることの楽しみを生んでいく。Yさんのノートを紹介する。

　　　2月25日（火）「これがわたしの生きる道」　　　　　　　　ゆみか
　　この冬，わたしのランドマークが一つふえました。それは，スキーが上手になったことです。さいしょはむずかしくてないていたけど，出来るようになるととてもうれしかったです。出来ないといってあきらめずに，いっしょうけんめいがんばると，ぜったいできると思います。そうしたら，自分のランドマークが，どんどんふえます。水えいや，はやく走ることやきれいな字を書くことなどがんばりたいというやる気がわいてきました。いいかんじです。

　いい感じ good feeling になってきたと思える子どもを育てたい。自分一人一人がみんな輝けるような気持ちになってほしい。自分の行動や考えや感情をセルフモニタリング self-monitoring しながら，自分のランドマークを増やせることが，これからの学習や生活に活かせるものであると期待している。

第3節　単元相互の関連性をもたせる生活科授業デザインの事例

1　大単元「きせつをかんじて」の授業デザイン
　　－第1学年「自然との関わり」を中心に構成した実践－
（1）授業デザインのエッセンス
　子どもは，これまでに幾度かの季節のくり返しを経験し，その中で現在も生活を続けている。子どもの生活は，季節の変化による自然事象，社会事象の変化と密接に関わり合っている。季節の変化に着目し，その比較を通して

得る認識によって，自分たちの生活の工夫や知恵について自覚させようというものである。

　大単元「きせつをかんじて」は，①「春を見つけたよ」（「公園へ行こう」の単元に位置づける），②「つゆのころ」③「夏のころ」④「秋を見つけよう」⑤「もうすぐお正月」⑥「冬を楽しく」という六つの単元で構成している。それぞれの単元は，三つの活動レベルの小単元に分けている。中心となるのは，「こんな○○だったらいいな」の創造性を培う場面を組み込み，季節を自分なりにイメージしながら，その季節をどのように過ごしたいかを発想していく。

　具体的には，季節変化の視点として「衣・食・住」の比較を位置づける。単元「おおきく　なってね」では，サツマイモの栽培活動を通して，「食」について追究したり，「秋を見つけよう」の単元で，「衣」に着目し，集めた落ち葉や木の実を，ビニル袋や紙袋に飾り付けて自分の好きな服を作る活動を位置づける。そして，大単元のメイン単元とも言える「冬を楽しく」では，「住」を取り上げ，季節の変化と自分たちの生活の変化を衣食住の総合的な視点で考えることができるようにする。つまり，季節の変化を自然現象だけでなく，子どもにとって身近な「衣・食・住」を対象化して，生活空間として意識し気付きを深めていく。また，単なる季節追いに終わるのではなく，季節を象徴するシンボル探しによって，第2学年の単元「ランドマークを見つけよう」でシンボリック的な見方・考え方ができる方法原理を発展させることを意図している。

（2）授業デザインの組み立て
①大単元名　「きせつをかんじて」
②大単元の目標

○植物の変化と自分のくらしの変化を比べることを通して，それらの変化や成長の様子に気付くとともに，季節変化を自分との関わりでとらえることができるようにする。

③大単元の計画（全37時間）

第1次　春を見つけたよ ……………………………………………（6）
　　　　※「公園へ行こう」の第1次に位置づけている。

第2次　つゆのころ ……………………………………………………… 9
　　　　　1　カタツムリさんようこそ ………………… 2
　　　　　2　カタツムリと遊ぼう ………………………… 3
　　　　　3　カタツムリの○○○づくり ………………… 4

第3次　夏のころ ………………………………………………………… 4
　　　　　1　七夕かざりをつくろう ……………………… 2
　　　　　2　夏といえば？ ………………………………… 1
　　　　　3　こんな夏だったらいいな ………………… 1

第4次　秋を見つけよう ………………………………………………… 9
　　　　　1　はっぱのいろがかわったよ …………… 2
　　　　　2　○○○な秋を見つけたよ …………………… 3
　　　　　3　こんな秋だったらいいな …………………… 4

第5次　もうすぐお正月 ………………………………………………… 6
　　　　　1　むかしのあそびをしよう ………………… 3
　　　　　2　年賀状をかこう …………………………… 2
　　　　　3　こんな冬にしたいな ……………………… 1

第6次　冬を楽しく ……………………………………………………… 9
　　　　　1　楽しい冬 ……………………………………… 2
　　　　　2　冬のあそび …………………………………… 3
　　　　　3　冬を○○○すごすへやづくり …………… 4

（3）授業展開の概要

第1次　春を見つけたよ

　本単元は，子どもにとって身近な公園を対象として，公共施設に関わる単元「公園へ行こう」の第1次に位置づけている。「公園とは，どんなところ？」という話し合う場を設定した後で，公園で遊ぶ活動へとつなげていくが，公園で自由遊びを繰り返す中で，公園の施設・設備に目を向けながら，公園の

中にある春を見つける活動も行う。公園に落ちている花びらを拾ったり，青々とした緑を目に焼き付けておく。学校へ帰り，遊具を使って遊んだことや，春見つけをしたことを「春の公園」として公園の地図づくりをする中で，春をイメージ化していく。

第2次　つゆのころ

6月になると，春から夏へと季節が変化していく中で，日本独特の「梅雨」が始まる。次の話し合いは，梅雨に関するイメージを引き出す授業の一部である。

────「梅雨と言えばどんなイメージ？」の場面────

T　梅雨と言えば，みんなどんなイメージがありますか。
C　雨がたくさんふります。
C　水たまりができる。
C　シャワーみたいな雨がふるよ。
C　こう水になるの。家が流されたり‥‥。
T　すごい雨みたいだね。
C　かさもいる。
C　アジサイの花。
C　かえるがいっぱいいるよ。
C　カタツムリもいるよ。
C　つゆといえばやっぱり雨だからカタツムリだよ。
T　梅雨と言えば，雨とカタツムリか。
C　先生，かさもいれて。
C　服がすぐぬれるし，せんたくものもかわかないのでこまるとお母さんがいってたよ。

梅雨というイメージを出し合う中で，梅雨をシンボリックに追究するために，「カタツムリ」が学習対象となる。カタツムリは，どんなところにいるかを考える。子どもとの話し合いの中で，アジサイとの関連性が高まってくる。学校探検のときに，学校の正門の横にある「思い出の森」には，アジサイがたくさん咲いていることを覚えていた子どもは，雨にも関わらず，「思

い出の森」へカタツムリ探しに出かける。カタツムリを見つけることはできなかったが，自分の家のまわりや，いなかのおじいちゃんの家へ出かけたり，森林公園へ出かけたりしたときにカタツムリ探しをする契機となる。その後，教室にカタツムリが登場する。このカタツムリは，子どもが家のまわりや広島市郊外の公園で見つけてきたカタツムリである。総数20匹をこえている。各班ごとに2匹ずつ配布して，子どもが，カタツムリと自由に関われる場を設定する。「カタツムリと遊ぼう」である。教師は，カタツムリのイラストを配布して，気付きを書きながら，カタツムリと遊ぶのである。カタツムリを初めて見た子もいて，教室は，大騒ぎとなるが，子どもは，カタツムリとの関わりを楽しむ。

　きょう，カタツムリとあそびました。カタツムリがあるいたあとは，しろいものがあったよ。べとべとしたかんじがしたよ。またあそびたいな。

（かずし）

　カタツムリと遊ぶ中で，もっと楽しくするために，子どもは，カタツムリの遊び場やすみかを作ろうということになる。空き箱やわりばし，空き缶などを使って「カタツムリの○○○づくり」をする。のぼり棒や綱渡りなどの遊び場やトイレ，ベットなどを配置してすみかづくりをする。次の話し合いは，カタツムリの○○○をつくりながらのやりとりの一部である。

――――「カタツムリの○○○づくり」の気付きを引き出す場面――――

T　かっこいいのを作っているね。
C　先生，これねカタツムリのお家だよ。
C　ぼくのは，遊園地みたいでしょ。先生，見て。
T　すべり台みたいなのもあるね。
C　でもね，カタツムリは，すべれないの。
T　どうして？
C　シートにぴったりくっついているもの。
C　あるいたら，あとに白いものが残るよ。

第4章　生活科授業デザインの事例

> C　べたべたしてる。水がおちているみたい。
> C　水よりもなんか，ねばねばしているよ。
> C　先生，これのぼり棒だよ。
> C　ぼくのは，綱渡りみたいな橋です。
> C　わたしは，ベッドをつくったの。ここでカタツムリがお昼寝するの。
> T　お昼寝か。おもしろいね。
> C　カタツムリは，からで寝るんじゃないの。
> C　カタツムリは，お家をもって歩いているからベッドはいらないよ。
> C　でもベッドがあったほうが楽しいからいいの。
> C　先生，目をさわろうとしたらすぐにひっこめるよ。
> C　のびちぢみするみたいだね。
> C　あっ！うんちした。
> T　どこからした？
> C　‥‥‥。（よく見てる。）
> C　見えなかった…。こんどするときよく見てみるから。早くうんちし
> 　てね。

　子どもは，カタツムリのすみかや遊び場を作る過程で，カタツムリの体の構造にも目が向いていく。事典や図鑑でも調べてみようと投げかけて終える。

第3次　夏のころ

　夏を象徴するのは，子どもに一番身近なものは，やっぱり「暑さ」である。夏になると気温がぐんぐん上がり，自分が育てているアサガオも花が咲き始める子も出てくる。つるもどんどんのびてきて，水やりをしないと，土もからからに乾いている状態である。夏休みを間近に控え，子どもは，一番楽しみな時期の到来である。広島を代表する夏祭りである「とうかさん」を取り上げ，とうかさんの音を聴かせる。風鈴の音や人々が歩く音（げたの音）から夏をイメージする。「夏と言えば…」ということで，連想ゲームをする。その後，夏のイメージは，個々に身の回りの夏探しに活動が発展していく。

171

> 「こうこくになつがいっぱい」　　　　　　　　　りょう
> 　ぼくは，きょう，こうこくを見て気づきました。それは，こうこくには，
> <u>なつにかんけいするものがいっぱいありました</u>。いくつかしょうかいし
> ます。まず，見つけたのは，プールでつかうものです。それは，うきわ，
> サンダル，みずぎです。そのつぎに見つけたものは，たべもの（のみもの）
> です。もも，すいか，メロン，ぶどう，そうめん，アイス，かき氷です。
> まだほかに，たくさんあります。キャンプようひんや，かとりせんこう，
> てんたいぼうえんきょうです。サングラスなんかもありました。こうこ
> くは，きせつごとにちがっていくんだなーと思いました。今は，なつも
> のがいっぱいです。

　R君は，新聞広告から「夏」を見つけている。身の回りの自然の変化だけ
が季節変化を示すものではなく，広告という中にも季節が見られることを発
見して，夏に対する気付きを深めている。さらに，「七夕かざり」を作る活
動を取り入れる。短冊に願いをこめて，自分の夢や望みを書いていく。七夕
かざりは，竹笹を利用したり，教室の前にある木に短冊をつるしたりして飾
りつける。短冊に自分の願いを書いたり，飾りを作ったりする活動をして，
自分の願いを発表する。「サッカー選手になりたい，看護婦さん，お医者さ
んになりたい」などの発表がある。中には，「お姫様になりたい，お金持ち
になりたい」など様々な願いが出てくる。その発表で終わるのではなく，事
前に保護者の方に，「子どもにどんな人になってほしいか」，「みんなが生ま
れたとき，どんな気持ちだったか」など，個々にアンケートをしておき，授
業で子どもに伝えていく。自分たちの成長には，両親をはじめ様々な人々の
あたたかいサポートが常にあるのだということを示唆していく。
　このように生活科では，授業を契機として，身の回りの事象をシンボリッ
クに見ていくことをねらっている。授業は，体験だけで終わるのではなく，
授業での体験が契機となって自分の生活をもう一度見直していくような活動
を目指している。また，新聞やテレビなどの広告だけでなく，とうかさんで
の屋台調べなど「夏」をイメージする物を集めることで，夏をどのように過

第4章　生活科授業デザインの事例

ごしたいかを創造していくことを目指す。また，昔から日本にある行事や遊びを積極的に生活科の授業に取り入れたい。こいのぼりや七夕づくり，凧あげなど低学年の間にぜひ経験させておきたい学習材である。

第4次　秋を見つけよう

　季節の変化に対応して，人間を含めて動物や植物は，様々な工夫をして生きている。「秋を見つけよう」の学習では，秋に親しむことを目的として構成されている場合が多い。しかし，秋に親しむだけの授業では，季節変化を実感するだけで，生き物の季節変化に対応した生きる術（すべ＝目的を遂げるための手段，方法のこと）までには迫れない。本単元では，樹木が，秋になって葉っぱの色が変化するとか，葉を落とすなどの行為を子どもを含めた人間の行為に同一視して考えていくことにより，植物と自分との関わりを深めていくことの契機にする[5]。夏の頃と比べて，気温が下がって過ごしやすくなってきたことや，草木の様子が変化してきたことに気付く。春の探検で行った公園へ行き，春の頃と比べて変化したことを自然だけでなく，人々の様子（服装や行動を中心に）を観察できるようにする。公園では，遊びながら，お気に入りの遊具や隠れ家，自然を探す。秋を感じるには，授業中の探検だけでなく，家庭でも秋の野山に訪れたときに紅葉した葉っぱや松ぼっくりなどを集めておくようにお願いをしておき，集めた葉っぱや木の実を使って，自分のお気に入りのファッションづくりをする。

　公園での秋を見つける活動が契機になり，秋の野山へ家族で出かけて「秋探し」をする子どもも増えてくる。近所の公園や運動場の落ち葉，秋の草木を集める活動も始まり，準備は整い，子どもが，思い思いのファッションづくりとなっていく。ビニル袋を素材にして，自由に形づくりをして，色づいた葉っぱや木の実を飾りつける。出来上がると，子どもの気持ちが盛り上がるように，楽しいＢＧＭを準備しておき，実際に自分で試着をしてファッションショーを行う。

　　「はっぱいっぱいファッション」　　　　　　　　　　　　ゆみか
　わたしが，あきのふくをつくってくふうしたところは，はっぱをあつめて花みたいにしたところです。えりのところに，はっぱをつけたとこ

ろです。あきらしくしたところは，あかやきいろのはっぱやまつぼっくりをリボンのかたちにつくりました。わたしがおもったより，じょうずにできました。

　子どもは，「色」や「素材」，自分が気に入った「形」や「デザイン」，「機能性」にも着目する。これらの要素に，秋らしさを加えて創意工夫をする。自分が感じた秋を「ファッションショー」という場を設定することで，意欲化を図り自分の思いをこめていく。
　さらに，このような活動の後で，秋になって，「葉っぱの色が変わるのは，どうしてだろうか」を自分と比較しながら考える場面を設定する。

──────「葉っぱのいろがかわるのは？」の気付きを引き出す場面──────
T　秋になると，草や木で変わってきたことはどんなことかな？
C　色が変わってきたよ。
C　赤色になる。
C　もみじが赤くなるの。
C　黄色もあるよ。
C　落ち葉がふえてくることもあるよ。
T　どうして色が変わるのかな？
C　寒くなるから？
T　寒くなると色が変わるの？
C　そうだよ。寒くなるとね，人間でも服を着てあたたかくするよ。そしたら色も変わるもん。
T　洋服の色が変わるか。おもしろいね。
C　木は，葉っぱの色を変えてあたたかくするんだよ。
C　それじゃ，どうして葉が落ちるの？木は，葉がなくなると，余計に寒いんじゃないの？
C　本当，そうだね。
C　葉っぱを落としたら木は寒そうだな。
C　どうしてかな？　　　　　　　　　　　　　　　　　　　　　　（略）

第4章　生活科授業デザインの事例

　寒くなると，人間は，服を着て暖かくするのに，木は，葉を落として余計
に寒くしているようだという子どもの気付きはおもしろい。葉を落とすこと
で，水の蒸発を防ぐことや，葉や幹，枝にある不要物を葉っぱを落とすこと
によって，動物における排泄行為をしていることが，子どもには不思議に感
じることである[6]。生活科では，紅葉や落葉の現象解明などをする必要は
ない。ただ，不思議な現象を対象化して考えることを目的としている。

第5次　もうすぐお正月

　「むかしのあそびをしよう」で，カルタ，だるま落とし，こままわし，けん玉，
お手玉，ビー玉などの遊びを行う。生活科の授業では，「こんな遊びがあるよ」
と紹介をして，昔の遊びに関わる契機にすることが目的である。中には，初
めて遊ぶ子どももいて，むかしの遊びには，興味津々のようである。

　子どもは，こまやけん玉遊びをして，もうすぐお正月を迎える時期をシン
ボリックにとらえる。それぞれ検定表を用いて遊ぶことで子どもの意欲が高
まる(資料7参照)。また，「凧づくり」にも取り組む。「どんな凧を作りたいか」
とプランニングをする。凧あげというのは，1年生にはむずかしい。なかな
かうまく上がらない。でも，高くあがらなくても凧づくりをして，凧あげを
体験するだけでもいい。最近は，家のまわりで凧あげをしている風景は，珍
しい。凧をあげたくても，安心してあげられる場所もない。しかし，学校に
は，広い運動場がある。広い運動場で走り回って汗をかきながら凧あげをす
る活動は，「お正月」が近づいたころの昔からある日本の風景である。大切
にしたい活動である。

　さらに，「年賀状をかこう」で，子どもにとって身近な情報のやりとりの
方法を学習する。手紙や葉書，電話など，それぞれ便利なところや，不便な
ところを考える。電話では，「糸電話」を取り上げ，実際に糸電話を使って
遊ぶことにより，電話に対する関わりの契機と位置づける。「情報」というテー
マで，気付きを再構成することにより，身の回りには，手紙や葉書だけでなく，
インターネットやメールと世界中へネットワークが広がっていることにも気
付いてくる。年賀状を書くためには，郵便番号や住所などの表書きや，挨拶
文，イラストなどの裏書きの書き方を知らなければならない。年賀状を各自
が1枚準備をする。年賀状を出したい人の郵便番号と住所をあらかじめ調べ

175

こままわし検定表

名前（　　　　　　　　　　　　　　　）

レベル	こままわし（技のコンテンツ）	合格
1	こまにひもをきれいにまける。	
2	こまが回る。	
3	こまが地面と水平になって，きれいに回る。	
4	1分以上こまを続けて回せる。	
5	1分30秒以上こまを続けて回せる。	
6	手のっけができる。	
7	空中手のっけができる。	
8	2分以上こまを続けて回せる。	
9	2分30秒以上こまを続けて回せる。	
10	3分以上こまを続けて回せる。	

最高記録	分　　　　　秒

けん玉検定表

名前（　　　　　　　　　　　　　　　）

レベル	けん玉（技のコンテンツ）　連続してできたら○	合格
1	大皿（玉を引き上げて大皿にのせる）	
	小皿（玉を引き上げて小皿にのせる）	
2	中皿（玉を引き上げて中皿にのせる）	
3	ろうそく（けん先を持って玉を中皿にのせる）	
4	とめけん（玉を引き上げて穴にけん先を入れる）	
5	もしかめ（大皿－中皿－大皿－中皿・・・・と交互に玉を移動する）20回以上	
6	飛行機（けんを前に振ってけん先を玉の穴で受ける）	
7	ふりけん（玉を前に振り，玉を一回転させてから，玉の穴にけん先をいれる）	
8	日本一周（玉を小皿－大皿と移動させてから，玉の穴にけん先をいれる）	
9	世界一周（玉を小皿－大皿－中皿と移動させてから，玉の穴にけん先をいれる）	
10	灯台（玉の上にけんをのせ静止させる）	

※参考　一般社団法人　日本けん玉協会の級位認定表。

資料7　検定表（こま・けん玉）の例

ておく。授業では，実際に書いて出すことにする。裏書きは，サツマイモや
人参などの野菜ではんこを作ったり，好きなイラストを描いたりして工夫す
るようにする。もうすぐ近づいて来る冬休みやお正月をどのように過ごした
いかを考え，楽しみにしていることや今年をふり返って楽しかったことなど
を年賀状にこめる。これらの「もうすぐお正月」の単元は，冬をイメージす
るための次の単元への布石として位置づけておく。

第6次　冬を楽しく

　本単元「冬を楽しく」は，①「楽しい冬」②「冬のあそび」③「冬を〇〇
〇すごすへやづくり」という三つの小単元で構成されており，大単元「きせ
つをかんじて」の総括をする単元である。「楽しい冬」では，まず，冬になっ
て身の回りで変化してきたことを話し合う。そして，「冬のあそび」では，「も
うすぐお正月」の単元での経験を活かしながら，伝統的な冬の遊び（こまま
わし，けん玉，凧あげなど）だけでなく，実際に降った雪や霜，氷などの自
然現象を活用しての遊びを行う。そして，そのことによって冬に主体的に関
わりを深めていく。「冬を〇〇〇すごすへやづくり」では，夏と冬との比較
を通して，自然事象や社会事象の違いに目を向け，その相違点を明らかにし，
季節変化の中で生活する自分たちの姿を明確にとらえさせようとするもので
ある。具体的には，大単元「きせつをかんじて」では，季節変化の視点とし
て「衣・食・住」の比較を中心に考えているが，「冬を楽しく」では，「住」
を取り上げ，季節の変化と自分たちの生活の変化を考えることができるよう
にする。つまり，季節の変化を自然現象だけでなく「住」という子どもの身
近な生活空間を通して気付きを深めていく。

　本単元「冬を楽しく」では，「住まい」を通して夏と冬の違いを見つける
活動が中心である。まず，「夏を〇〇〇すごすへやづくり」という設定で，部
屋づくりを行う。夏は，涼しく，楽しく，勉強する，遊ぶなど，子どもの個々
の視点が出てくる。最初は，部屋の中に何もかも入れて自由に作っている。
例えば，風呂場を作ったり，家具，ベッド，扇風機，冷蔵庫，テレビなど家
全体を一つの部屋で作ろうとする。部屋を仕切って使うという意識はなく，
部屋にもいろいろな種類があるという意識もない。「楽しい部屋づくり」で
終わるのではなく，「この部屋は何をする部屋なの？」という設定によって，

177

「住まい」というものを対象として意識できるようになる。さらに、そこで生活する「家族」という視点を見出す。「住まいの機能や構造」に目を向けながら、夏と冬を比較するということから季節の移り変わりやそれに対応した自分たちの生活へ焦点化していく。

「たて」にのびる、「横」に広がる住まいの形態や、動物たちのすみかを考え、自分たちの「住まい」も空間を仕切って使っているということに気付いていく。しかし、自分の部屋をもち、何不自由なく過ごしている子どもには、問題意識は低く、ただ楽しく部屋づくりができればよいというレベルである。「冬を○○○すごす」という設定の切り込みによって、「住まい」を通して「冬」と自分との関わりが深まるようにする。

まず、自分が好きな部屋づくりを個々で行い、全体で個々のイメージに合うような部屋づくりを行うことによって、気付きの再構成を行う。部屋づくりは、家具や暖房器具、装飾品などのイラストを活用し、自由に配置する。なお、夏や冬の部屋という空間に入れる家具や装飾品類については、生活科の授業だけでなく家庭でも自由に作っていいことにして時間の保障をする。

「冬を○○○すごすへやづくり」の実際の授業場面

> 　黒板には、これまで子どもが行ってきた「夏の部屋」が、イラストを活用して提示されている。身の回りで夏と冬の違いを発表し合った後、みんなが冬をどのように過ごしたいかを話し合う。そして、夏から冬へ部屋を変化させていく。1つの班が代表して家具や電気製品の移動や、カーテンなどの模様替えをする。家具や電気製品などの配置替えをしたり、部屋を付け足したりして自分の思いを部屋づくりにこめていく。「冬をどのように過ごしたいか」という願いは、「住まい」における条件を視点に「ゾーニング」による気付きの再構成を図る。

T　さっきみんなが言った「あったかく」(「あったかく」と赤色で板書する。)に関係あるものは何?

C　ストーブです。(教師が「あったかく」と書いたところと線を結ぶ。以下同様にする。)

C こたつもあるよ。電気カーペットも。ファンヒーター。お鍋も。

T そうだね。冬は，あったかい物がおいしいかな？

C そうそう。

T みんなどんな物を食べたことがある？

C 寒い冬に冷たいアイスクリームを食べたことがある。

C 寒いときに冷たいものがおいしいよ。

T そうだね。他にはどんなに過ごしたい？

C のんびり過ごしたい。

T のんびり過ごすためのものは？

C こたつ。電気カーペット。

T それでは，先生がやっていたように線で結べる？できるかな？

C テレビを結ぶ。(「のんびり」と線で結ぶ。以下子どもの手で結ぶように
する。）ゲームを結ぶ。トイレを結ぶ。

T ははは。トイレはのんびり入りたい？

C うん，うん。のんびりしたい。

C まだある，ある。(テーブルを結ぶ。）

T Sさんは，このテーブルで何をしたいの？

C ここで休むの。そして，お話しするの。

　他にも，「楽しく」や「きれいに」，「冬らしいもの」，「ゆったり」など
子どもの抽象的価値判断基準による分類の視点で話し合う。そして「窓」
が問題となる。地理的な条件の異なる事例（エスキモーの家）を提示し
て，自分たちの「住まい」と比較する場を設定する。この意図的な設定は，
機能的属性の基準による分類ができるようにするためである。

T 窓というのが出てきたけど，窓はやっぱりいる？

C いる。いる。

C いる。外が見えないし，窓がないと，明るくないよ。

C いる。いる。絶対いる。

C 空気も入れ替えないといけないし……。

T 部屋の中の空気はきたないの？
C きたない。きたない。
C それに、もし、窓がなかったら外が見えないもん。
C そうだ。そうだ。外の様子が見えないもん。
T ちょっとこの絵を見てください。
　これは、どこかの国の家なんだけど、こんな家があるよ。
C 知ってるよ。かまくらだ。
T これは、かまくらじゃないよ。
　いつも人がふつうに住んでいる家だよ。この家には、窓なんてないよ。こんな家なんかどうかな。窓なんかない方がいいな。
C いやだ。なんかおかしいよ。
C 入り口にドアみたいなものがあればいい。
C ちゃんと扉が閉まればいいけど、ないとどろぼうが入りやすい。窓は必要。
T ええ？窓があった方が安全なの？
C もし窓がなかったら安全だよ。
C もし窓があったらどろぼうが入りやすい。
T だから、さっきから言ってるでしょ。窓はない方がいいって……。

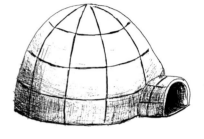

資料8　エスキモーの家

> 窓があると安全であると子どもは主張する。理由は、窓がないと外でどんなことがあるのかわからないので、窓は、絶対必要であると言うのである。壁だけの方が安全だという教師側の意図的な対立の構図で思考のレベルを上げる。

C いやだ。あった方がいい。
T 窓なんかない方が暖かいし、ない方がいいよ。
C でも先生。窓がないと暗いよ。
C もし誰か悪い人が来たら窓からどんな人か見れるかも知れないけど、窓

がないと全く見えないもん。危ないよ。

T　窓は必要なの？安全のためにも。

C　安全のためにも，いるよ。

C　そうだ。そうだ。楽しいし‥‥‥。

T　楽しいかな？窓があった方が。

C　そうだよ。にぎやかな家になるもの。

T　本当？ゆっくり，のんびりはできる？

C　うん。

T　あったかくはできる？

C　うん。絶対！

T　先生は，窓がない方が暖かいと思うけどな。

C　でも先生！夏はどうするの？そうそう。夏は？

C　そうよ。暑すぎる。窓がないと暑い。

T　そうか。暑すぎるか。確かにね。でも，夏は冷房するじゃない。

C　でも，冷房ばっかりすると冷えすぎて体に悪いよ。

C　冷房ばっかりしていたら電気代もたくさんいるし，もったいない。

C　そうそう，そういうこともある。もったいないよ。

C　冷房ばっかりしていると体に絶対悪い。

T　体に悪いか。やっぱり元気に過ごすことも窓に関係するのかな。

C　する。する。やっぱり窓は，いる。(絶対に窓がいると主張する。)(以下略)

　自分なりの見方で「住まい」をリニューアルな事象として見直すことが本授業の目的である。「窓」という視点を組み込むことで，子どもは，抽象的価値判断基準のレベルから機能的属性の基準で分類ができるようになっている。

（4）単元「きせつをかんじて」の授業デザインの考察

　第1学年大単元「きせつをかんじて」は，季節変化に対応した自分たちの生活をふり返る中で，子どもの気付きを深め，身の回りの事象に対するシンボリックな見方を得るための，第1学年のメイン単元である。

　第1次の「春を見つけたよ」では，春という季節のさわやかなイメージを木々や草花から実感しようと試みたものである。第2次「つゆのころ」では，

写真5　ゾーニングをしている冬の部屋

雨がふり，運動場が海のようになったり，校舎の色が変わったりする現象について気付きを引き出す。傘をさして全員で運動場に出る。日頃見慣れている運動場だが，雨の日の様子を観察すると気付きがたくさん出てくる。

・くつの中に水が入ってぐちゃぐちゃになっておもしろかった。（ともひろ）
・水たまりの砂は，なんでやわらかいのだろう。　　　　　　　（りか）
・ジャングルジムの中に水がたくさん入っています。　　　　（かずし）
・長靴の中に水を入れました。入れるとかえるの音がしました。歩いたとき冷たかったよ。　　　　　　　　　　　　　　　　　　　（たけし）
・学校が黒くてびっくりしました。　　　　　　　　　　　　（けんた）
・砂場がかたいところとざらざらのところがありました。　　　（ゆい）
・雨が降ったら学校が黒くなる。　　　　　　　　　　　　　　（りか）
・木の丸太が黒くなっている。砂場に水たまりがある。　　（まさひろ）
・サークルベンチは晴れのときは，黒くないのに，雨の時は，黒い。（まさる）
・砂場の砂をさわってみたら，ずるずるしています。　　　　（めぐみ）
・晴れのときは，砂場はかたいのに，雨のときは，やわらかかった。（るい）
・サークルベンチが真っ黒になる。普通は乾いているけれど，運動場にたくさんの川や海ができる。　　　　　　　　　　　　　　（なおや）

梅雨の時期になり，子どもが，「変化していること」をとらえられた最初の気付きである。晴れのときと雨のとき，春のころとつゆのころと比較する場面を設定することにより，視点が明確になる。雨が降ると校舎の壁が水を吸い込んで黒くなることや運動場や砂場の土が変化しているなど多くの気付きが創出されている。また，梅雨をシンボリックにとらえるために，季節変化による自然の変化だけでなく「カタツムリ」という生き物を通して，梅雨のころでも子どもが積極的に関われる場を設定したことによって，雨が降り続く「つゆのころ」にも楽しみが生まれてくる。第３次の「夏のころ」では，気温上昇にともない，「暑さ」で学習効率も上がらなくなるが，七夕かざりや楽しい夏休みに向けての単元として位置づける。第４次の「秋を見つけよう」では，遊びと製作活動も絡めて構成をする。秋になると，植物の変化が顕著になる。自分たちで育てているアサガオも元気がなくなるし，身の回りの木々にも変化が表れる。植物は，根から必要なものを吸収するが，このとき間違って吸い込んだものや不必要なもの，あるいは老廃物を葉の中のある部分に蓄えておく。これを年に１回捨てる必要がある。これが，紅葉から落葉という現象であり，動物の排泄行為と同じである。木も子どもと同じように，食べ物を食べるし，排泄行為もする。また，落葉は，木を守るために行っている行為である。つまり，葉を落とすことで，眠りに入り，厳しい冬を過ごす準備をしている。冬になると，温度が低く，空気が乾いている。葉がついていては，水も熱も奪われてしまう。そのために落葉という現象がある。これは，厳しい冬をすごすために，人間も同じように冬に備えるが，比較をすると実に興味深い。「人間は，寒くなると，洋服の重ね着をするのに，植物は，なぜ，服を脱ぐように葉を落とすのだろう」と不思議がる子どもの気付きはおもしろい。また，水やりや肥料を与える行為により，植物も食べるという行為を子どもなりに気付いているが，排泄という行為は，目に見えないのでわからない。まして，落葉というのが排泄行為にあたるとは思いもしないであろう。このような植物の不思議を発見しながら，生きているものの共通の特性や違いを見つけていく。また，冬への備えや冬を過ごす方法は，「冬を楽しく」の単元で追究していく。

　自分だけの秋の「ファッション」を作ることを通して，子どもの遊びや製

183

作活動を学習の対象として取り上げている。服には，形やデザインなど工夫する余地は，十分ある。でも，作ることを目的とするだけでなく，「ファッションショー」という設定によって自分を表現する。「こんな秋だったらいいな」という設定には，個々によっていろんな秋がある。読書の秋，スポーツの秋，食欲の秋，お祭りの秋と，秋は，春と同じように，気候的にも一番いい季節である。春と違うのは，厳しい冬がすぐそこまで迫っているところである。どこか「寂しさや悲しさ」をイメージするのも秋の特性であると言える。そのイメージにぴったりとくるのが，秋を実感する植物の「紅葉」や「黄葉」，「落葉」という現象である。この現象を自分との比較によって，植物に対する関わりと気付きを深めることになる。

　第5次の「もうすぐお正月」では，身近な情報のやりとりとして，電話や葉書を取り上げ，まとめとして，お正月前の年中行事とも言える「年賀状づくり」を行う。年賀状の裏書きには，サツマイモやにんじんのはんこも登場して，いよいよ第6次のメイン単元である「冬を楽しく」へつなげていく。これらの六単元を通して，季節変化に対応して自分たちの生活のあり方を探りながら，シンボリックに事象を見ていく契機となっている。

　大単元「きせつをかんじて」の総括として，「冬を楽しく」の単元を中心にして，次の三点にしぼって創造性を培う授業のあり方を述べておく。
①季節の移り変わりやそれに対応した自分たちの生活をより意識できるようにするためには，子どもの身近な素材である「衣・食・住」の視点が有効であること。

　「冬を楽しく」では，子どもの身近な「住」を取り上げる。人々は，部屋を保温することと，暖房することによって冬を暖かく住む知恵がある。子どもの気付きを引き出すために「窓」をキーワードとして暖かく住む知恵を考えさせる場を設定する。つまり，「窓なんかない方が暖かく住めるのではないか？」という発問である。この「窓」の視点は，分類の基準を上げていくことになる。子どもは，知覚的属性や抽象的価値判断の基準からなかなかレベルを上げられない。「窓」という視点を組み込むことで，機能的属性の基準で分類ができるようになっている。

　そのために，窓のない「エスキモーの家」を提示して，一年中冬である国

第4章　生活科授業デザインの事例

と，冬に寒く，夏に暑い日本との違いを知り，窓の必要性に迫る。さらに，「たてにのびる家，横に広がる家」という視点を導き出すために，異常に床の高い「セレベスの家」を提示して日本の家と比較し，日本という国の気候，国民性なども子どもなりに考えられるようにして気付きを深める。「住まい」における夏と冬の比較をすることによって，比較・分類の思考が育成できるように気付きを再構成をしていくのが目的である。つまり，個々に好きな部屋づくりを行い，全体で個々のイメージに合うような部屋づくりを行うことによって，気付きの再構成を行う。部屋づくりは，家具や暖房器具，装飾品などの子どもたちの身近な物のイラストを活用し，自由に配置する遊び化によって，「冬を○○○すごす」というチャレンジ的要素も取り入れ「もっとやりたい」という子どものニーズに合わせた活動になっている。

②生活科においては，分類の基準を上げることに加えて，自己との関わりで分類した仲間分けに対する，自分の言葉での説明を重視すること。

　子どもは，教師が簡略化して黒板に設定した夏の部屋を冬の家具類や電気製品などを用いて，どのような冬の部屋が望ましいかを検討しあい，家具類をどこに置くべきか，空間はそれで十分かなど，子ども相互の活発なやりとりの中で，「あったかく」や「のんびり」といった子どもたちの住まいに対する願いは，どんな家具類がどの仲間に入るのか，どのような間取りにするのか，ゾーニングにより部屋づくりを見直しながら比較・分類の思考を働かせている。子どもの冬に対する願いが，そのままゾーニングにつながっている。子どもの思いを反映させることを重視したい生活科の授業では，子どもの抽象的価値判断に基づく分類を大切にしながら，機能的属性による分類によって，気付きの深まりを期待していくべきである。「住まい」の条件や，「住まい」を構成している部屋から「住空間」の役割を考えることは，「住まい」に対する自分の思いから「住まい」に対する友だちの思いを知るという気付きの深まりがある。

「住まい」に対する自分の思い・願い

↓……「他者」の存在

「住まい」の機能や構造

185

$\downarrow$ ‥‥‥「窓」の必要性

「住まい」の意味・役割

$\downarrow$ ‥‥‥「窓」・「玄関」・「屋根」の役割

「冬のくらし」＝時間と変化，健康・安全な生活

「住まい」に関する気付きの深まりのレベル

　さらに，世界の特徴ある「住まい」（エスキモーの家やセレベスの家）の視点を導入することによって，「住まい」の形態や，「住まい」に関連する事象や事物の機能，構造を考えることにつながり，気付きが深まっている。

③空間を対象とした内容に関しては，気付きを深めるための方法として，「ゾーニング」をベースにしたトータル・プランニングが有効であること。

　「冬を楽しく」では，子どもの身近な生活空間である「住まい」を取り上げ，季節の移り変わりやそれに対応した自分たちの生活をふり返る場として，「冬を〇〇〇すごすへやづくり」の授業を位置づけている。子どもの気付きを深めるための方法として，子どもの発表や話し合いによるコミュニケーション型，ごっこや構成活動によるシミュレーション型，自分の思いで一つのものを作り上げていくプランニング型という三つの要素で考えると，「冬を〇〇すごすへやづくり」は，この三つの要素をすべて含んだ活動である。つまり，子どものコミュニケーションを媒介として，「住まい」づくりのシミュレーションによって，自分の目指す部屋を総合的にプランニングできるところに，この「ゾーニング」の有効性がある。

　生活科授業デザインには，目的・目標を明確にして，何度も繰り返し行う場の設定が必要であり，その過程で学び方を学んでいくことが必要である。ゾーニングは，「空間」を対象とした内容であれば，応用が可能である。学校や公園など「空間」をある一定の基準でかたまりととらえて仲間分けすることは，社会事象を見る芽が育っていく。また，ゾーニングは，子どもが自由に何度でも，自分の思いでトライすることが可能である。教師は，その基準や観点を学ばせたい認識内容と関連させていく。

第4章　生活科授業デザインの事例

2　大単元「成長のあしあと」の授業デザイン
－第1・2学年「自分の成長」を中心に構成した実践－
（1）授業デザインのエッセンス

　大単元「成長のあしあと」は，自分の成長を対象として，2年計画でデザインしている。通常の授業では，第1学年で，入学してからの1年間の自分を対象として，第2学年で生まれてから現在までの自分を対象として，別々に構成されている場合が多い。創造性を培う授業では，三つの単元で構成し，2年計画で自分の成長を実感できるようにデザインする。2年間継続して取り組むキーワードは，「成長のシンボル化」である。自分の成長が，一番実感できるものは，身長や体重などの体の変化と，自分の気持ちの変化による心の成長である。身長や体重は，実際に目に見えて客観的にとらえることが可能である。生まれたとき，入学したとき，2年生が終わるときの3回を比べてみる。大きくなっていることが確実に実感できる学習材である。

　一方，気持ちの変化は，主観的なものなので，数字で客観的に成長をとらえることはむずかしい。体の成長の止まった大人は，成長しないのかというと，そうではない。みんなもっと美しくなりたい，もっと逞しくなりたい，もっと心が豊かになりたいと日々成長している。むしろ体の成長よりも心の成長という気持ちの変化の方が楽しみである。そこで，自分の気持ちを素直に表現することのできる川柳づくりの活動を取り入れ，気持ちの変化を表す。川柳とは，俳句とは違って季語や切れ字などの制約がなく，こっけいや皮肉を特色とする5・7・5の三句17文字からなる短い詩のことである。川柳のもっている世の中のことをおもしろく皮肉るコンセプトを取り入れ，子どもにはユーモアのセンスを磨き，思い出を次への活力とする契機にする。17文字に自分の気持ちをおもしろく入れ込む活動は，身の回りの事象や自分の気持ちを，ただ事実として表すのではなく，物事をシンボリックにとらえることができなければ相手にはうまく伝わらない。身の回りの事象を対象として自由に選び，自由に表現するような活動を生活科において2年間取り組んでみると子どもの変容もわかり，おもしろい。また，「成長のあしあと」を構成している三つの単元は，①「こんなことできるよ」②「2年生へジャンプ」③「成長の○○○○」である。「こんなことできるよ」の単元は，「家族

187

生活」を対象にした単元で，自分が家族の中でどんな役割があり，また，どんなに家族に愛されて生活をしているのかということを実感できる単元である。子どもの成長の過程で重要なのは，家庭と学校，地域社会の連携が必要だが，子どもの生活の基盤は，何と言っても家庭にあり，その家庭を学習対象として意識することから，自分の成長を意識できる自分の存在が明らかになる。そして，「２年生へジャンプ」の単元は，１年生に入学してからの１年間を振り返りながら，自分ができるようになったことを考え，自分の成長を感じる単元である。来年入学してくる１年生に，お兄さん，お姉さんとして，何ができるのかも考えながら，「２年生でもがんばるぞ」といった１年生を総括する単元としても位置づける。１年間を振り返って，自分のことを知り，家族の中での自分をもう一度振り返ることによって，「こんなことできるよ」と自分に自信がもてるようになればよい。さらに，生まれてから現在までを振り返る「成長の○○○○」を位置づける。この単元は，現在までの自分を，自分が主人公の一つのアルバムや絵巻物，かべ新聞，紙芝居などにまとめていく活動を通して，自分を知り，自分の成長を知ることが大切である。また，「ランドマークを見つけよう」の単元で，「○○○のランドマーク」として，自分の成長を対象として絡めている。「ランドマーク」を自分の目印としてとらえ，自分のランドマークを見つけたり，友だちのランドマークや，クラスのランドマークなどと発想を広げていく。創造性を培う授業の最終ステージは，「こんな自分だったらいいな」である。自分のこれからの人生において，可能性を信じて，夢がもてるような授業デザインになっている。

（２）授業デザインの組み立て
①大単元名　「成長のあしあと」
②大単元の目標

○自分の成長を実感しながら，喜びを感じるとともに，集めた情報をわかりやすく，見やすくまとめるための図表の書き方・描き方が分かり，身の回りの事象をシンボリックに見ていくことができるようにする。

第4章　生活科授業デザインの事例

③大単元の計画（全23時間）

　第1次　こんなことできるよ ………………………………………… 6

　　　　1　かぞくってなあに？ ……………………… 2

　　　　2　かぞくのみんなをしょうかいしよう …… 3

　　　　3　こんな○○○ができるよ ……………… 1

　第2次　2年生へジャンプ ………………………………………… 9

　　　　1　わたしの10大ニュース ………………… 5

　　　　2　思い出の○○○○ ……………………… 2

　　　　3　こんな2年生になりたいな ……………… 2

　第3次　成長のアルバム ………………………………………… 8

　　　　1　生まれてからの自分 ……………………… 2

　　　　2　自分が主人公の○○○ ………………… 4

　　　　3　こんな自分だったらいいな …………… 2

（3）授業展開の概要

第1次　こんなことできるよ　　（6時間）

子 ど も の 活 動	教 師 の 関 わ り
1　かぞくってなあに？　　（2時間） （1）自分の家族のことを紹介する。 （2）家の仕事を調べて表を作る。 　○両親や自分，兄弟，祖父母などに分けて考える。 （3）自分の仕事を決めて，やってみることにする。	○家族という言葉を考えてみる場を設定し，自分は，たくさんの人からの愛情を受けていることをとらえさせる。 ○自分ができるお手伝いを考え，継続してお手伝いを実行してみようと投げかける。
2　かぞくのみんなをしょうかいしよう 　　　　　　　　　　（3時間） （1）自分の家族をみんなに紹介をする。 （2）お父さんやお母さん，弟など自分	○家族という枠組みが決められれば家族のみんなをシンボリックに表現するために，川柳づくりをする場を取り入れる。 ○子どもたちには，この段階では，川

189

<table>
<tr>
<td>

が家族だと決めたものの絵を描いて紹介する。

○家族を紹介する川柳づくりをする。

（3）家族の人を1個の○の中に，表現する。

　○できる人は，その○を型にして家庭で，クッキーづくりをしてみる。

3　こんな○○○ができるよ（1時間）

（1）自分ができるようになったことを発表する。

</td>
<td>

柳ということに固定しないで自由にイメージして作ることにする。

○お父さんやお母さんを形取るが，○の形を描いたプリントを配布して同じ○でも違いを表現できるようにさせる。

○お手伝いをはじめ，小学校に入学してからできるようになったことを発表してもらい，自分の成長を実感させる。

</td>
</tr>
</table>

①かぞくってなあに？

　家族というのは，血縁・婚姻関係にある人々で，同じ家に住む親子・兄弟・夫婦など家計・生活をともにする人々を指す。しかし，子どもにとっては，自分の家で飼っているペットや自分が育てている植物も同じ生活をしているという点で，家族と位置づける。そこで，まず，家族とは何かという点から話し合うことにする。

―――――「家族ってなあに？」の場面―――――

T　みんな，家族ってなあに？

C　おうちの人。　　　C　お母さんやお父さん。

T　そうだね。お母さんやお父さんだけ？

C　わたしには，お姉ちゃんもいる。

C　おじいちゃんもいるよ。

C　それなら，おばあちゃんも。

C　ぼくには，弟がいる。

T　たくさん出てきたけど，この人たちは，みんな家族としていいかな？

C　ぼくは，おじいちゃんはいないので違う。

T　いっしょにいなかったら家族じゃないの？

C	そう。いっしょに住んでいるだけじゃないの？
C	いっしょにいないと家族じゃない。でも，家族みたいだけど・・・。
T	そうだね。みんなにとっては，今いっしょにいる人が家族みたいだね。
C	ぼくは，ハムスターを飼っているけど，ハムスターも家族にしたい。
C	それだったら，わたしは，犬も入れたい。
T	みんなどう？
C	動物も植物も，前，命があるって勉強したでしょ。
C	だから，みんな家族だよ。
T	そうしたら，家族ってなあに？
C	同じ家に住んでいる人。人だけじゃないけど・・・・。
C	いっしょに住んでいて，命があるもの？
C	でも，アサガオは家族みたいだけど，他の花は，違う気がするな。
T	どうして？
C	わからないけど何となく。
T	アサガオが家族というのは，おもしろいなあ。みんないっしょうけんめいに育てたからね。みんなどうかな？
C	家族じゃないけど，家族にしたい。
C	自分で決めたらいいじゃん。
C	そうそう。自分が家族だと思ったら家族にしたらいい。
T	いいなあ。そんな考え方。先生は，気に入りました。

　家族という定義づけは，なかなかむずかしい。言葉ではうまく定義づけできなくてもイメージはできている。「自分が決めたらいい」という判断基準が出てきたのは，仲間分けを何度も経験してきた成果である。仲間分けでは，明確な答えを出すことが目的ではなく，個々に応じた仲間分けができるようになることが目的である。自分を真ん中にして，自分のまわりに自分で決めた家族を描く。その中に入れるのは，自分が家族だと定義づけたものである。
　次に家族の役割という視点で話し合う。

──────「家族の役割ってなあに？」の場面──────

T　お母さんには，どんな仕事があるのかな。
C　毎日，掃除や洗濯などたいへんだと思う。
C　お買い物もあるし‥‥。
C　子どもの世話もしないといけない。
C　食事を作ってくれる。
T　たくさんあるね。
C　私のお母さんは，外でお仕事もしているよ。
C　わたしも。
T　毎日忙しそうだね。
C　そうだよ。休みがないっていつも言ってるよ。
T　それじゃ，みんなのお仕事は何？
C　学校へ行くこと。
C　勉強することも。
C　家のお手伝いもするよ。買い物とか。
T　買い物もするの？
C　そうだよ。家のしごとの手伝いもする。
T　今，お手伝いって言ったけど，やったことのあるお手伝いは？
C　掃除。玄関の掃除をしたことがある。
C　買い物。
C　‥‥あまりしない。
　（子どもたちは，お手伝いと言ってもあまりイメージがわかないようで，お父さんの新聞を取ってくるとか，ごはんの後のかたづけなど，どんな小さなことでもお手伝いになるよ，と説明を加える。）
C　ぼくね，朝，学校へ行くときに，ごみを出しているよ。
T　そう。それは，立派なお手伝いだよ。
C　わたしは，お母さんがお茶碗を洗うときに手伝うの。

資料9　わたしの家族

第4章　生活科授業デザインの事例

C　くつを洗っているよ。
C　おふろ掃除もしている。
C　わたしは，郵便受けの手紙を取ってくるの。
　　（以下，たくさんのお手伝いが出てくる。）
T　みんなは，家族の中で，どんな仕事をしたらいい？
C　お手伝いをする。
T　お手伝いとは，何のためにするの？
C　お母さんを楽にする。
C　お母さんやお父さんを喜ばせるためかな。
T　喜んでくれると，みんなもうれしい？
C　お母さんがにこにこ笑ってくれると一番しあわせだよ。
T　ははは‥‥。一番しあわせか。お母さんは，どんなことがしあわせ
　　だと思うかな？
C　子どもが手伝いをしてくれること。
C　ぼくが100点とると喜ぶ。
C　ぼくたちが，がんばると喜んでくれる。
C　この学校に入学したとき一番喜んでくれたもん。
C　みんながいいことすると喜ぶよ。
C　お金がいっぱい入ると喜ぶ。へへへ‥‥。
C　たくさんいいものが食べられると喜ぶ。
T　ものやお金だけ？
C　そんなことはないよ。やっぱり楽しくないと。
C　みんなが健康なこと。やっぱり元気が一番だっていつも言ってるよ。（略）

　話し合う中で，みんなが元気にくらしていけることが家族にとって一番大
切なことだとわかってくる。そんな家族にとって大切なことは，みんなが協
力して，元気で生活していくことだという共通認識ができる。みんなも少し
でもできるお手伝いを継続していこうと投げかけて終わる。
②かぞくのみんなをしょうかいしよう
　家族という枠組みができれば，その家族をみんなに紹介する。お父さんや

193

お母さん，兄弟などについて，川柳づくりと，家族を定義づけたものの顔を一つの○の中にシンボリックに表現していくことにする（資料9参照）。川柳は，母親や父親，兄弟の特徴をうまくとらえている。日頃から家族のことをよく見ていることがわかる。

<子どものつくった川柳の例　テーマ：かぞく>

おかあさん	でんわをするとき	こえがわり	えみ
なまえをね	ぼくをしかるときに	よびすてに	たいち
おとうさん	こうえんでいつも	いっしょだよ	ただお
おかあさん	おばあちゃんのせわも	しているよ	たく
おにいちゃん	ぼくよりなんでも	すごいんだ	ひでき

「お父さんは，休みの日によく公園で遊んでくれる」，「お母さんは，私たちだけでなく，おばあちゃんのお世話もしているよ」などとにこにこした笑顔で1年生は，教えてくれる。川柳の中にも，家族の生活しているようすがよくわかる。

③こんな○○○ができるよ

小学校に入学して，自分ができるようになったことを話し合う。子どもにとって一番できるようになったと実感できることは，「一人で学校へ来れるようになったこと」である。電車やバスに乗ることが自信をもってできるようになった一番だと言う。毎朝，1時間かけて登校してくる子どもは，入学前や入学直後も一番不安なことだったと思われる。今では，一人でバスや電車に乗れるようになっている。これは，大きな喜びであるとともに大きな成長だと思われる。また，自分のことは，自分でできるようになったと，言える子どもも増えている。「自分が自信をもってできることをこれからもどんどん増やしていこう」と投げかけ，「2年生へジャンプ」の単元につなげる。

第4章　生活科授業デザインの事例

第2次　2年生へジャンプ　（9時間）

子 ど も の 活 動	教 師 の 関 わ り
1　わたしの10大ニュース　（5時間） （1）生活の記録を整理して，入学してから楽しかったベスト10を絵に描いてまとめる。 　○生活科のノートや資料，観察記録などを整理する。 （2）班毎に1年間の楽しかったことを模造紙に描いて発表する。 2　思い出の○○○○　（2時間） （1）1年間の思い出や，1本の大きな木を描いた模造紙に，自分で作った川柳を貼り付けて，思い出の○○○○を完成する。 （2）1年間を振り返るとともに，意欲的な学習の構えをつくる。 3　こんな2年生になりたいな（2時間） （1）2年生の生活科では，どんなことをしたいかを話し合う。 （2）どんな2年生になりたいかを話し合う。	○小学校に入学してからの1年間を振り返るが，出来事を「川柳」にして自由に表現できるようにする。 ○5・7・5の17文字で楽しかった思い出を表現できるようにする。俳句だと季語を入れる必要があるので「川柳」のよさを知り，言葉遊びを気軽にできるように意欲づける。 ○クラスの10大ニュースから各班で題材を選び，模造紙に大きくシンボリックに表現させる。 ○選択するのは，キャンパスにする素材なので班で重なってもいいことにする。 ○1年生の生活科で学習したことを振り返る場を設定して，こんな2年生になりたいと一人一人に発表できる場を保障する。

①わたしの10大ニュース

　1年間を振り返る意味でぼく・わたしの10大ニュースで振り返る。

　楽しかった思い出を10大ニュースとして仲間分けをする。子ども一人一人が，その思い出に対する思い入れが違うので，順位はつけないで，10この思い出の仲間ができる。

195

―――――――「川柳を作ろう！」の場面―――――――

T　みんな川柳って知ってますか？

C　聞いたことない。知らない。

T　でしょうね。でも，こんなのは，聞いたことあるでしょ。
　　おいしいな　　腹いっぱい食べる　　うどんです

C　ははは・・・・。何それ？

T　これは，ちょっと違うけど・・・・。
　　手をあげて　　横断歩道を　　渡ろうよ

C　ははは・・・・。交通標語？

T　いもどろぼう　　どこにいるのだ　　おこってるぞ

C　わかった俳句でしょ。

T　そう。でもね，俳句じゃなくて「川柳」というの。みんなもできそう？

C　できる。できる。

T　川柳は，５・７・５の17文字が基本だけど，文字が多くなっても少
　　なくなってもいいよ。それに，俳句は，春とか夏の季節を表す「季語」
　　というものを入れないといけないけど，川柳は，入れなくてもいいよ。
　　自由に作っていいんだ。

C　話題は何でもいいの？

T　それは，２部１年の10大ニュースをテーマに，川柳で表現してほし
　　いんだけど・・・・。

C　できる。できる。

T　先生からお願いがあるよ。できるだけおもしろいものを作ってね。
　　先生や友だちが読んだら，思わず「にやっ」と笑えるのがいいな。そ
　　んな川柳が三重丸です。

　　子どもは，素早く適応し，次々と川柳を作っていく。言葉の数を指を使っ
て数えながら，言葉遊びをする。楽しく１年間を振り返りながら，その楽し
さを17文字にこめていく。出来事をそのまま事実として書くのではおもし
ろくない。物事をシンボリックにとらえることが必要で，子どもは悩みなが
らも楽しく取り組んでいく。

第4章　生活科授業デザインの事例

子どもの「川柳」の作品例

テーマ「小学校に入学したこと」

ドキドキして	定期券をギュッと	にぎりしめ	けいじ
わくわくで	初めて使う	定期券	みき
小学校	入学できたよ	うれしいな	りょう
入学だ	くじ引きひいて	大当たり	あゆみ
ランドセル	ピカピカですね	楽しいな	あさみ
うれしいな	今日からぼくは	１年生	なおや
一人で	学校行けて	うれしいな	だいき
夢で見た	桜満開	合格だ	えいじろう
定期券	一人で乗った	バス電車	けんた

テーマ「楽しかったクラスのこと」

うれしいな	席替えしよう	また今度	あさみ
春よ来い	待ち遠しいぞ	ぼくの花	えいじろう
参観日	後ろばっかり	気になるよ	ももこ
わくわくだ	どんなともだち	いるのかな	あいか
雪の日に	だるまをつくり	とけちゃった	めぐみ
学校で	算数うまく	なってきた	みき
お友だち	たくさんできた	２部１年	るい
サツマイモ	ある日突然	盗まれた	あんな
本借りて	あしあと増えて	楽しみだ	けいすけ
何回も	おかわりしたよ	給食を	たかひろ
小学校	楽しくなったよ	うれしいな	あい

テーマ「楽しかった生活科のこと」

公園で	ブランコのって	遊んだよ	めぐみ
新聞に	いも泥棒の	ことが載る	あんな
たこあげで	賞状もらった	うれしいな	だいき
植木鉢	やっと芽が出た	チューリップ	たけし
雪がふり	雪合戦が	できました	まさてる

197

7歳だ	大きくなった	1年生	りょう
ヒマワリに	決まったぼくは	名付け親	けんた

テーマ「学校生活のこと」

プールでね	ブービー賞を	もらったよ	ゆり
宝探し	ジュースたくさん	とれたかな	なおや
うれしいな	あやとびできた	自信つく	あんな
はじめての	アピール文	ドキドキドキ	るい
運動会	リレー選手	1等だ	あやか

※なるべく漢字に変換しているが，言葉は，すべて原文通りである。

　これを読んでいると1年間のことがよくわかる。「本当にいろいろな出来事があった。こんなこともあった，いつ頃のことだったかな？」と思いながら読んでみると楽しい。子どもにとって，1日は，とても長い時間だったと思われるが，過ぎてしまえば本当にあっという間だという感じのようである。子どもらしい鋭い作品に，思わず「にやっ」とする。子どもの感性の鋭さを改めて感じられる。

　資料10は，クラスの子どもが学校で育てていたサツマイモが盗まれたことを新聞に投稿した記事である。せっかく育てていたサツマイモが泥棒にあいながらも成長した姿を見取ることができる。

②思い出の○○○○

　子どもは，個々に作った川柳を，班ごとに大きな模造紙に「思い出の○○

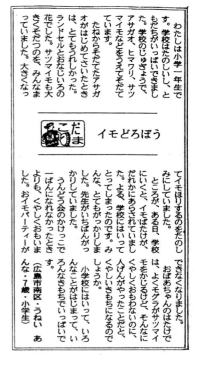

資料10　新聞記事

○○」として完成していく。まず，模造紙は，楽しかった10大ニュースを
シンボル化した大きな校舎（楽しい学校生活に関連），大きな山や大きな1
本の木（秋の野山で遊ぼうに関連），大きな貝や青い海（貝掘り遠足に関連），
大きな凧（生活科に関連）などを描いていく。その大きな山や木をキャンパ
スにして，川柳を書いたカードを貼り付けていく。そのカードは，海ならば
貝の形に切られていたり，遊んでいる自分の姿を形取っていたりする。
③こんな2年生になりたいな
　「2年生へジャンプ」の単元のまとめとして，どんな2年生になりたいか
ということで話し合う。学校にも慣れ，2年生へのいろんな期待や夢をもっ
ている。生活科で続けているノート「ひまわり」では，1年間の振り返りや
2年生への期待を述べている。

　　　2月29日（木）　　「たのしみなはる」　　　　　　　　　まさる
　一ばんすきなきせつがはるです。ぼくは，はるにしたいことがあります。
一つは，2年生になって入学してきた1年生にぼくのそだてたきれいな
チューリップをみてもらいたいとおもいます。二つは，お花見をしたい
です。また，2年生になったら，なつにさく花のたねをうえたりしたい
です。まだまだたくさんあります。ぼくは，はるっていいきせつだなあ
とおもいます。もうすぐ2年生になるのが今からたのしみです。
　　　3月6日（水）　　「みんなの一年」　　　　　　　　　　あい
　きょう，ヒマワリをかくのが1年生でさいごなので，1年のことでか
わったことを，わたしが，みんなにインタビューしました。そして，イン
タビューしたらおとうさんは，「とうとう40だいになってしまったこと
かな。」と，いいました。おかあさんは，「おとうとのまさひろをおこる
のできょ年よりこえが大きくなった。」と，いってわらっていました。い
もうとのゆうちゃんは，てつぼうがきょ年はないてこわがっていたけど，
まえまわりが，できるようになりました。それから，はが2本もぬけま
した。おとうとのまさひろは，2さいなのにじがよめるようになりまし
た。わたしのかわったことは，バス，でん車に一人でのれなかったけど，
のれるようになりました。さんすうのたしざんやひきざんができるよう

になったし，こくごのかん字も，すこしかけるようになりました。ながな
わもできるようになりました。でも，一ばんかわったのは，はじめはがっ
こうがあまりすきじゃなかったけど，がっこうが大大大すきになりました。
2年生になったらもっともっとがっこうが大すきになって，いろんなこ
とをチャレンジしてみるぞ!!

　M君は，もうすぐ来る春という季節を楽しみにしながら，春になると自分
も2年生になる喜びがよく感じられるノートである。Aさんは，この1年間
で学校のことが大好きになったというのは，これ以上の成長はない。学校の
こと，友だちのこと，家族のこと，そして，自分のことを好きになって成長
していく姿を見るのが，教師として喜びを感じる瞬間である。
　2年生になると，新1年生が入学して，少しだけお兄さん，お姉さんになっ
た気分になる。1年生のときのことと，比べてみると，自分が成長したこと
を実感する。友だちとの比較ではなく，自分の中での比較をすることが，「自
分のことがわかる」ということにもつながる。

第3次　成長のアルバム　　（8時間）

子　ど　も　の　活　動	教　師　の　関　わ　り
1　生まれてからの自分　　（2時間） （1）生まれてから現在までの自分につ 　　いて，家族にインタビューをしたり， 　　写真を集めたりする。 （2）生まれたときの体重や身長と現在 　　の記録を比べる。 2　自分が主人公の○○○　　（4時間） （1）家族の人へのインタビューや写真 　　を整理する。 （2）成長した自分を絵巻物やアルバム， 　　紙芝居などに表現してまとめる。	○インタビューカードを配布しておき 　家庭で父親や母親に取材できるよう 　にする。 ○入学のときに紙テープを使って作っ 　た成長グラフに現在の身長分の紙 　テープを貼り完成できるようにする。 ○保護者の人には，学級通信でエピソー 　ドや親の子どもに対する気持ちを中 　心に語ってもらうように依頼をして 　おく。 ○八つ切り画用紙に自分を描き，その

3　こんな自分だったらいいな 　　　　　　　　　　　（2時間） (1)自分のランドマーク見つけと関連させて，「こんな自分だったらいいな」と考える。 (2)生活科で学習したことを振り返り3年生への思いを発表する。	まわりにランドマークと「こんな自分になりたいな」という願いを書き入れて完成させる。 ○2年間の生活科で学習したことを振り返り，3年生での意欲化を図る。

①生まれてからの自分

　入学したとき，単元「おおきく なってね」の時間に，自分が生まれたときと，入学したときの身長を紙テープで表し，身長のグラフづくりをする。「自分は，どのぐらいの大きさで生まれたのか？」これは，子どもも興味のあるところである。でも，そのことを知っている子はあまりいない。母子手帳を見せてもらったり，お母さんに聞いたりして，取材活動を開始する。身長約50cm，体重約3,000g前後で生まれてきたことがわかる。それが，今では，身長が2倍以上で，体重では7～10倍以上にも増えている。アサガオと比べてみて，大きくなっている理由を考える場を設定する。その延長線上に位置づけられているのが，「生まれてからの自分」である。2年生がもうすぐ終わる段階で改めて今の自分を知る活動にする。

　入学してから約2年間でもとても体が大きくなっている。また，身長だけでなく，入学したばかりのころにかいた似顔絵を2年生の終わりに見ると，「これ本当に自分がかいたの？」とも言える状況に遭遇する。このことは，アサガオを育てながら，自分も成長してきた証である。また，身長を示すテープを画用紙にのりではる活動も，入学のころに貼ったテー

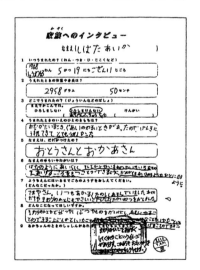

資料11　インタビューカードの例

プは，曲がっていたり，途中で切れていたりする場合もあり，こんなところ
にも，自分の成長を実感する。

②自分が主人公の〇〇〇

　生まれてから現在までの自分の「成長の〇〇〇〇」づくりをする。成長の「絵
巻物」，成長の「絵本」，成長の「サイコロ」など自分のまとめたい方法で活
動する。生まれたころから４才ぐらいまでのことは，家庭の方で，母親や父
親にインタビューをして聞かないと覚えていないのでわからない。

　インタビューカード（資料 11 参照）を個々に配布して，インタビューを
行う。そのインタビューカードには，保護者の方の気持ちを聞くところがあ
る。みんなが生まれてまわりがどのような反応だったのか，子どもには，興
味のあるところである。

　　　３月４日（火）　「小さいころの話をたくさん聞いたよ」　　　めぐみ
　生活科の物語を作るために，お母さんにいろんな話を聞きました。そ
の時に，お母さんがたいせつそうに見せてくれた物がありました。それ
は，何かというと「へそのお」といって私がお母さんのおなかの中にい
た時，お母さんの体と私のおへそがそのくだ（へそのお）で，つながっ
ていたという物です。私は，へそのおを見た時，こんな小さなくだでお
母さんからえいようをもらっていたなんてびっくりしました。それから，
生まれて初めてきたはだぎやくつ下，初めて歩いた時にはいた白いくつ
などがたいせつにおさめてありました。生まれた時は，こんなに小さかっ
たんだなぁとおどろきました。そして，いろんな話を聞いて，お父さん，
お母さん，おじいちゃん，おばあちゃんなどみんなにたいせつにかわい
がってもらったんだなぁとうれしくなりました。

　この取材活動を通して，Ｍさんのように，自分のまわりの家族の存在を改
めて意識できるようになっている。「いろんな人の愛情に支えられながら生
きている」そんなことを知ることは，自分が前向きにがんばれる強いモチベー
ションになるものである。できあがった作品は，友だちと交換をして見せ合
いながら，友だちに感想を書いてもらい，自分も心をこめて書いてあげるよ

うにする。みんなからのメーセージ集めは，子どもにとって大切な宝物になる。

③こんな自分だったらいいな

生活科の最終ステージは，「こんな自分だったらいいな」である。「ランドマークを見つけよう」の単元で行っているランドマーク探しを「自分」に当てはめて，自分のいいところを自分のランドマークと位置づけて，「いいとこ探し」をするのである。八つ切りの画用紙に，自分の今の姿をシンボリックに描いて，色鉛筆で着色をする。そして，自分のランドマークを書き込んでいく。もちろん，「こんな自分だったらいいな」という視点からも書

資料12　自分のランドマーク

き加えていく。自分のいいところというのは，他人から見れば自慢になったり，反対に自分のいいところなんて他人に言うのは，恥ずかしがったりする場合がある。しかし，いいところは，自慢でも恥ずかしいことでもないことをみんなが共通理解をしておくことが必要である。そのために，友だちや家族，クラスというように，ランドマーク見つけの視点を広げることによって，自分という存在を明らかにしていく(7)。

また，今の自分を手形として「形」に残すことと，気持ちを書いて残しておく。手形だけでなく，まわりに春をイメージして色紙のようにきれいに完成させていく。そして，気持ちは「川柳」にして残す。

(4) 単元「成長のあしあと」の授業デザインの考察

「自分が主人公の〇〇〇」を子どもが，完成させた後で，保護者にアンケートをお願いする。自分の子どもの成長を願わない親はいない。自分たちの宝

写真6　自分の手形を押して，春をイメージした色紙づくり

物の子どもである。その子どもに少しでも支援をしていくことが，教師にとって一番大切な関わりである。2年生が終わるときのAさんのノート。成長したAさんの姿を読み取ることができる。

　　　3月10日（月）　　「2年間をふりかえって」　　　　　　あい
　　2年間をふりかえると，いろんな事があったなと思います。入学した時は学校がどんな所かもわからなかったし，友だちもだれが何ちゃんか何くんかわかりませんでしたが，もうみんなとも仲よくなれ，その人のランドマークもわかるし，学校の事もわかるようになりました。去年わからなかったべん強も今ではどうしてあんなにむずかしかったのかなと思います。「ヒマワリ」も書くまでは何を書こうかと大変な時もありましたが，書きはじめると書きたいことがいっぱいあってなぜかいつも2ページ目にいってしまいます。学きゅう通信にのっている人の「ヒマワリ」を読んで，みじかく上手にまとめている人もいるのになと思いました。
　　この2部2年のみんなともあと少ししかいられない今年の3月，私は，2年間早かったなと思いました。3年生のクラスがえで，今の40人の友だちとわかれてさみしくもかんじますが，また新しい友だちを作り友だちをもっともっとふやしたいです。でも，このクラスとわかれると1年

生から歌っていた元気な歌，さみしい時に元気をとりもどしたりした学
きゅう歌ともおわかれです。３年生になっても元気の出る学きゅう歌を
思いだして元気になりたいです。附ぞく小学校２部２年というのは，も
う３月21日で終わります。なので思い出をビデオにとった今の自分は，
10年後ぐらいに見ると40人の顔がなつかしくなると思います。

　入学してからの自分のこと，友だちのこと，クラスのことをよく見つめた
ノートである。このようにまわりがよく見えるようになったＡさんは，これ
からも限りなく成長を続けてくれるものと信じている。このようにまわりが
よく見える，「気配のよみとり」ができるような子を生活科では目指している。
「まわりが見える」ことは，すなわち，「自分のことがよくわかる」というこ
とである。
　大単元「成長のあしあと」は，自分の成長を対象とした三つの単元でデザ
インされている。「成長のシンボル化」とした川柳づくりには，子どもの心
の成長を感じる。日々成長している子どもは，体の成長のように，目に見え
るものもあるが，それ以上に目に見えない変化を自分自身でとらえることが
できたとき，子どもが次のステップへと確実な変容が見られる。教師の役割
は，子どもが，自分では見えない成長をとらえて評価し，励ますことである。
子どもは，知らない間に変わっている。それが「成長」ということである。
自分らしさを知る活動は生活科授業で重視されるべきである。この単元にお
いても，次のような活動を組み込んでいる。

①一つの○の中に家族の顔をそれぞれ描き入れる。
②自分の好きな数字を書いて，その理由を説明する。
③自分のことを紹介する文を書く。
　・例　自分は，○○○なので，△△△です。

　これらの活動によって，メタ認知を促進することができる。生活科の最終
ステージである「こんな自分だったらいいな」に至るまでに，「こんなこと
できるよ」の単元での家族をシンボル化する川柳づくりや，「２年生へジャ

ンプ」の単元での「わたしの10大ニュース」や「思い出の○○○○」での川柳づくり，さらに，「成長の○○○○」での自分が主人公のアルバムや絵巻物，かべ新聞，紙芝居に加えて，色紙づくりや自分のランドマーク見つけと，多様な活動へと発展する。子どもが，自分で自分を知り，自分の成長を実感することが，これからの人生において，可能性を信じて，夢がもてるようになる。毎日起きる出来事に対して，何でも楽しく感じながら生きていける子どもになってほしいと心から願っている。

3月2日（日）　　「ヒマワリを書いて2年」　　　　　あんな
「ヒマワリ」を今まで2年間近く書いてきました。これで，このノートもおしまいになります。よかった点は，思いついたことをすべて絵や文にのこしたことです。家のことや回りのこと，町のことを気をつけて見るようになったこともです。わからないことは，本などでしらべたり，本当に行ったり見たりして，たしかめたことがべん強になりました。先生の後のかんそうも楽しみでした。みんなできょう力することもならいました。1年のさいしょの生活科は，小さなことでしたが，2年生なって，大きなことと，自分の考えをはっきり書くことができていました。<u>このノートは，2年生のさいごのヒマワリなので，これがせい長したきろくにのこります。ヒマワリが，スペシャルヒマワリになることを楽しみにしたいです。自分の思いを絵と文であらわすことは，とてもよかったです。自分のことが自分でよくわかりました。</u>

3月11日（火）　　「2年間の生活科をふりかえって」　　　あや
　1年生に入学した時，はじめて生活科というじゅぎょうを知りました。わけのわからない，答えのないじゅぎょうで，どうしたらいいのかと思いました。かたつむりをわりばしの上で，歩かせたり，かと思ったら，学校たんけんをしたり，アサガオを植えたりする，ふしぎなじゅぎょうでした。
　でも，だんだん「生活科」という名前だけあって，<u>わたしたちの身のまわりに関わりのあるべんきょうだということに気づいてきました。先生があたえてくれたテーマをきっかけにして，深く考えたり，もっと調</u>

第4章　生活科授業デザインの事例

べようと思ったりしました。そうしたら，もっと楽しくなったり，もっとおもしろくなったり，もっとむずかしくなったりしました。毎日のくらしは，かんたんな所やむずかしい所があります。だから，生活科もその通りで，それを気づいたり，学んだりするのが「生活科」だと思いました。

　生活科で目指したいものは，Ａさんの気付きに見取れるような，「自分のことが自分でわかる」レベルになることである。自分の身の回りの社会や自然，生き物などすべてのものが，総合的によく見え始めて，改めて自分がわかることになる。

　つまり，対象に対する同一視を経て，共生という意識が芽生えれば，自分のことが，もっとわかるようになる。このような「わかることがわかる」，「わからないことがわかる」などのメタ認知を刺激することが教師の関わりとして大切な視点である。

【註】

(1) 広辞苑では，公園とは，公衆のために設けた庭園または遊園地と定義されている。公園の分類に関しては，都市公園法，都市公園法施行令，都市公園法施行規則（いずれも総務省法令）に基づいている。

(2) サツマイモには，次のような特性がある。サツマイモは，地面の下の根やくきに栄養分がたまったものが「いも」である。「いも」には，人の栄養のもとになるデンプンがたくさん含まれているので，昔から世界中で栽培されている。サツマイモは，ふつう種いもをなえどこに植え，出た茎を切って畑にさして育てる。乾きに強い作物なので，特に水をやる必要はない。逆に水をやりすぎると味が悪くなるので注意が必要である。比較的育てやすい作物であると言える。また，サツマイモは，ビタミンＣが夏みかんと同じくらい含まれるほか，アミラーゼというデンプン消化酵素が多く，蒸したり，焼いたりすると糖分がふえ，甘みを増す。また，繊維が多いので，便秘を防ぐ健康的食品でもある。カリウムが多いので，塩分の摂り過ぎによる高血圧の改善にも役立つと言われている。

207

(3) 視点取得に関しては，自己中心的な視点→主観的→自己内省的→相互的→象徴的（Selman, R. 1976）という報告がある。

(4) においのランドマークという視点を取り上げたのはプルースト効果 proust effect を意識している。プルースト効果とは，嗅覚や味覚から過去の記憶が呼び覚まされる心理現象で，フランスの小説家マルセル・プルースト Marcel Proust の小説『失われた時を求めて』に由来をしている。ランドマークは視覚だけではない。すべての五感を使ってランドマークを見つけることを意図している。

(5) 葉っぱの色が変わるのは，秋になると，温度の変化（気温が低くなる）や光の変化，根の吸収作用も弱まることによって，植物は，これまでの活動（葉ででんぷんが糖分に変わって茎へ移動すること）ができないことが原因である。そのメカニズムは，次のように考えられている。紅葉の場合は，葉のつけ根には，離層というしきりができるため，葉の糖分は流れにくくなり，たまってくる。この糖分から葉の中にアントシアン（クリサンテミンという紅色の色素）という赤い色素ができることによって葉が赤くなる。また，黄葉の場合は，葉にもとからあるカロチノイドという色素が関係している。この色素は，低温で葉の緑の色素がこわれる（クロロフィルが分解される）ために目立つようになる。

(6) 植物は光合成によって水と二酸化炭素から糖類を葉で合成している。最低気温が10℃以下になると，葉柄の基部に離層ができ，合成した糖類が移動できなくなって葉に蓄積される。その糖類が色素に変わって紅葉となる。北海道釧路付近で毎年9月の末頃始まり紅葉前線（イロハカエデを基準にしている）が南下する。

(7) ハーター Harter. S（1982）は，自己やパーソナリティの形成ならびに，その維持においてコンピテンス competence が重要な要因であるとして，①認知的コンピテンス Cognitive Competence ②社会的コンピテンス Social Competence ③身体的コンピテンス Physical Competence ④全体的自己価値 Global Self-Worth の四つの尺度からなるコンピテンス尺度を開発している。

第5章 生活科授業デザインの評価

第1節 生活科授業デザインにおける評価の意義

1 R-PDCAサイクルの実践

　学校の教育活動は，意図的，計画的，組織的に行われるものである。その活動は，R-PDCA，つまり，実態調査・診断 Research →計画 Plan →実践 Do →評価 Check →改善 Action という一連の活動が繰り返されながら，子どものよりよい学力形成と成長を目指した学習指導が展開されている。学習の評価は，教育がその目標に照らしてどのように行われ，子どもがその目標に向けてどのように変容できているのかを明らかにすることが目的である。

　この評価は，一般的には①診断的評価②形成的評価（モニター評価）③総括的評価という三つの評価を学習過程の中で，子どもの認識の変容や学習の成果を把握するために行われている。学習指導要領の教科の目標と内容に基づき，年間指導計画が作成され，単元目標の設定が行われる。そして，評価の時間的スパンの目安を単位時間ごとにするか，内容のまとまりごとにするかなどの具体的評価目標と評価方法の選定が行われる。

　授業実践の前後には，プレテストとポストテスト，いわゆる診断的評価を随時組み込みながら，授業中には，指導への即時的フィードバックとしてのモニター評価を行う。もちろん，授業実践と同時に，座席表やチェックリスト，記録表，小テストなどを活用して，評価資料の収集を行う。また，教師は，授業場面だけではなく，日常場面での行動や発言などをつぶさに観察し，記録をとり評価し，指導に活かす観察法の導入や，観察に基づいて評価対象内容を相対的・数量的にとらえたり，子どもが表現した作品を段階値を決めて評価する（評定法）など多様な評価方法の導入を図ることが必要である。

　さらに，単元の終末に，指導結果の反省と指導法の改善に向けて，単元ごとの評価として総括的評価を行うのが一般的である。その際には，目標をど

209

の程度達成しているかを，子どもの学習達成状況として具体的に把握する絶対評価を行う。また，子ども個々に，どの面が優れ，どの面が劣るかという個人内の特色を把握するための個人内評価を組み込むことが必要である。

2　生活科授業デザインの評価のポイント

生活科では，次の三観点で評価する。

① 　知識及び技能の基礎
② 　思考力，判断力，表現力等の基礎
③ 　学びに向かう力，人間性等

これら三観点ごとに評価規準が作成される。

第1学年の単元「成長のあしあと」を例に，具体的事例を述べる。

単元「成長のあしあと」に関わる学習指導要領の内容

自分自身の生活や成長を振り返る活動を通して，自分のことや支えてくれた人々について考えることができ，自分が大きくなったこと，自分でできるようになったこと，役割が増えたことなどが分かるとともに，これまでの生活や成長を支えてくれた人々に感謝の気持ちをもち，これからの成長への願いをもって，意欲的に生活しようとする。

単元「成長のあしあと」の評価規準

知識及び技能の基礎	思考力，判断力，表現力等の基礎	学びに向かう力，人間性等
自分のことや支えてくれている人々のことや自分でできることなどに気付いている。	自分のことや支えてくれている人々のことや，自分でできることなどについて考え，そ	自分自身の成長に関心をもち，自分の役割を積極的に果たそうとするとともに，規則正

| | れを表現することができる。 | しく健康に気を付けて生活しようとする。 |

単元「成長のあしあと」の評価規準の具体例

知識及び技能の基礎	思考力，判断力，表現力等の基礎	学びに向かう力，人間性等
・家庭の温かさや家族の大切さを感じている。	・家族とともにしていることや家族にしてもらっていることを振り返ることができる。	・自分自身の成長や家族のこと，家庭での自分の生活に目を向けようとしている。
・家計を支える仕事，家事に関する仕事，家族の団らんなど家族のことに気付いている。	・自分でできることなどについて考えることができる。	・お手伝いなど自分でできることは自分でしようとしている。
・家庭において自分でできることが分かっている。	・家族が喜ぶことを見つけたり，家庭が楽しくなることを工夫したりできる。	・家族の一員として，自分でできることを継続的に行おうとしている。
・自分でできることを進んですることが大切なことに気付いている。	・家族のことや自分でできることなどについて話したり聞いたりすることができる。	・健康に気を付け，生活リズムを大切にした生活をしようとしている。

本時の評価規準・評価基準の例1 （知識及び技能の基礎）

【評価規準】

家庭の中でいろいろなことにチャレンジしていく中で，家族の一員として自分にできることがあることに気付く。

【評価基準】

A	家庭の中でいろいろなことにチャレンジし，自分にできることがあることに気付き，これからの自分の役割を考えている。
B	家庭の中でいろいろなことにチャレンジし，自分にできることがあることに気付いている。
C	家庭の中でいろいろなことにチャレンジしたが，自分にできることがあると気付いていない。

本時の評価規準・評価基準の例2 （**思考力，判断力，表現力等の基礎**）

【評価規準】

自分自身の成長や家族のこと，自分でできることなどについて話したり，聞いたりすることができる。

【評価基準】

A	自分の伝えたい内容をもち，紙芝居や動作化を取り入れ，相手意識をもって，表現している。
B	自分の伝えたい内容をもち，自分のやりたい方法で表現している。
C	自分の伝えたい内容，あるいはやりたい方法をもっているが，表現していない。

本時の評価規準・評価基準の例3 （**学びに向かう力，人間性等**）

【評価規準】

仕事の模擬体験をする中で，家庭での仕事をしようという意欲をもつ。

第 5 章　生活科授業デザインの評価

【評価基準】

A	模擬体験活動を通して，試行錯誤しながら仕事のコツをつかみ，家庭での実践意欲をもっている。
B	模擬体験活動を通して，手順を知りコツをつかもうと試行錯誤したり，見つけようとしたりしている。
C	仕事の手順や準備物を知り，体験活動はできたが，コツを見つけたり，家庭での実践意欲をもてたりしていない。

　評価するには，「ものさし」が必要である。**評価規準 criterion**（「ノリジュン」と呼ばれる）というのは，ものさしの種類であり，**評価基準 standard**（「モトジュン」と呼ばれる）は，ものさしの目盛りにあたる。それぞれの「規準」をどれだけ達成したかを測るのが「基準」である。

　評価基準は，事実的な表現で記述するのが原則である。「～している」，「～書いている」など見取れることが原則である。「わかりやすく」，「楽しく」などの形容詞的表現や「～できる」，「～しようとしている」などの目標的表現は避けるべきである。子どもの学習活動例に合わせた評価基準の例を挙げておく。

【発表する】

A	挙手をしたり，友だちと話し合ったり，つぶやいたりしている。
B	挙手をして，友だちや説明する教師を見て，話を聞いている。
C	私語をしたり，話を聞いていなかったりする。
A	自分の思いや考えを3つ以上，感想を話している。
B	自分の思いを1つまたは2つの感想を話している。
C	自分の感想を話していない。

【聞く】

A	発表者の方を向いて，メモをとりながら発表を聞いている。
B	発表者の方を注目しながら聞いている。
C	発表を聞いていない。

【書く】

A	自分の経験や学習で学んだことを関連付けながら書いている。
B	自分の経験や学習で学んだことを書いている。
C	一般的な感想しか書いていない。
A	4つの項目から3つ以上書いている。
B	4つの項目から2つ書いている。
C	書いているが項目が1つであったり，あるいはずれた内容を書いていたりしている。
A	アンダーラインや色分けをしたり，図や絵などを使ったりしてまとめている。
B	アンダーライン，色分けなどの工夫はあるが，図や絵を使ってまとめていない。
C	色分けやアンダーラインなどの工夫がなく，文章だけでまとめている。
A	選んだ場所とその場所が合致しており，条件について2つ以上書いている。
B	選んだ場所とその場所の条件が合致している。
C	選んだ場所とその場所の条件が合致していない。
A	学習してわかったことをまとめるとともに，自分の意見や感想を書いている。
B	自分の意見や感想を中心に書いている。
C	学習してわかったことのまとめと自分の意見や感想の両方ともに書いていない。
A	ノートに理由を5つ以上書いている。
B	ノートに理由を3つ以上書いている。
C	ノートに理由を2つ以下しか書いていない。

A	前時に作成したものに，3カ所以上，手直ししたり書き加えたりしている。
B	前時に作成したものに手直ししたり書き加えたりしている。
C	前時に作成したものに手直ししたり書き加えたりしていない。
A	自分のアイデアや想像したことを2カ所以上加えながら説明の内容を書いている。
B	自分のアイデアや想像したことを加えて説明の内容を書いている。
C	説明の内容だけを書いている。

【調べる】

A	グループの中でお互いに声をかけ合いながら調べている。
B	友だちに促されてから，グループの中で分担したことを調べている。
C	支援されてもグループの中で分担したことを調べようとしない。
A	友だちにアドバイスをしたりしながら，自分の調べたことをレポートにまとめている。
B	自分の調べたことをレポートにまとめている。
C	私語をしてレポートにまとめようとしない。
A	友だちから付箋紙を5枚以上つけてもらっている。
B	友だちから付箋紙を3枚以上つけてもらっている。
C	友だちからの付箋紙が1枚もついていない。

　これらの評価規準と評価基準，評価資料（子どもを評価する手がかりとなるもの）の三点セットが揃って，ルーブリック rublic と呼ばれている。ルーブリックとは，それぞれの尺度に見られるパフォーマンスの特徴を示した記述語 descriptor と達成の度合いを示す数値的な尺度 scale で評価指標を設定したものである[1]。学習結果のパフォーマンスレベルの目安を数段階に分けて記述し，学習の達成度を判断する基準を示す教育評価法として盛んに用いられている。これまでの評価法は，客観テストによるものが主流を占めていたが，知識及び技能はそれで判断できたとしても，パフォーマンス系（思

考・判断，表現力など）の評価は難しい。ルーブリックを用いて，あらかじめ「評価軸」を示しておいて，「何が評価される事柄なのか」について，情報を共有するねらいがある。基本的に学習する際に，教師は，子どもに評価基準としていることを提示して学習の目標として意識させ，自己評価ならびに教師による評価をルーブリックを用いて行い，子どもの学習意欲を高めるための評価にしなければ意味がない。

評価とは，子どもの学習内容や学習方法を理解し，それを肯定的に価値づけをすることである。価値づけられたことは，子どもにフィードバックされなければ意味がない。子どもを理解する手かがりとなるのが，評価資料 evaluation materials である。生活科においては，表5に示すような内容があげられる。

表5　生活科の五つの評価資料

①	子どもの表情や行動
②	活動・体験中のつぶやき，話し合い活動における発言
③	ワークシート・学習カード，リフレクション・カード，日記の記述
④	学習成果物（絵・イラスト・作品・製作物等）
⑤	家族，地域社会の人々，ゲストティーチャーなどからの情報

生活科授業において行われる評価は，二つの側面がある。第一は，子どものための学習評価であり，この評価は，指導と評価の一体化を通して行われるものである。そのポイントは，子どもの活動に対して，その価値を認めることである。授業での「言葉かけ」やノート，リフレクション・カードへの朱書き，学級通信や教科通信などを活用して，子どもにフィードバックさせなければならない。そのためには，学習活動の中で，リフレクション（自己省察：振り返り）reflection を明確に位置づけておかなければならない。子どもの活動に対して，しっかりと分析をして，いいところを賞揚する。そのためには，分析をするためのフレームワークが必要である。子どもの追究に見合うだけの分析と評価を心がけなければならない。そして，子ども

第 5 章　生活科授業デザインの評価

自身の成長を評価することである。他の子どもとの比較，相対評価 relative evaluation ではない。前の日の自分と今日の自分を比較できるようにする。それが，絶対評価 absolute evaluation ということである。

　第二は，子どもの学習評価に基づいて授業やカリキュラム自体を評価する。この評価は，子どもや学校，地域の実態に即して，独自に計画され展開していくので，教師のマネジメント力が必要である。

第2節──生活科授業デザインにおける評価の方法

　生活科授業は，具体的な活動や体験活動を中心に，観察や調査，見学やワークショップなど多種・多様な形態で学習が展開される。本稿では，一般的に生活科で行われている評価方法として，次の三つの評価方法について述べてみたい。

①観察・作品分析評価法 ②メタ評価法 ③ポートフォリオ評価法

1　観察・作品分析評価法

　観察・作品分析評価法とは，子どもの行動面での観察と，学習の成果として表出された作品を分析する評価法である。生活科においては，評価方法の中核に位置づけられる方法である。

　観察評価では，日常場面や授業場面での子どもの行動や発言，つぶやきなどをつぶさに観察して，記録をとり評価をする方法である。これは，関心・意欲・態度の評価に適した手法である。子どもの一人一人の学び方や問題解決能力の習得状況を評価の対象として，学習のプロセスを子どもの行動や発言，つぶやきで把握し，評価する。観察評価法を用いる場合は，事前に指導・評価に生かすためのチェックリストを作成しておく必要がある。例えば，

217

○どんな問題に対して，どのような方法で取り組んでいるか。
○調べ方やまとめ方をどのように工夫をして問題解決をしようとしているか。
○学習の展開に即して，社会や自然，人々に対する見方や考え方をどのように深めているか。

　つまり，単元展開の導入・展開・まとめに応じて，チェックリストを作成しておき，その都度，観察して評価することを心がける必要がある。
　また，生活科授業では，レポートやかべ新聞，ワークシート，描画，リフレクション・カード，日記，ノートなど，子どもが学習場面で創り出す成果物が多岐にわたっている。ただ完成すればいいというものではないので，教師は，評価する観点を決めて評価することが大切である。①テーマの設定と動機の明示②内容の独自性・ユニークさ③レイアウト（丁寧さ・見栄え・仕上がりの良さなど）や全体の構成内容④問題解決状況と今後の課題を意識して，それぞれの単元でカード形式にして評価する。表6は，単元「公園へ行

表6　「公園づくり」における評価カードの例

評　価　の　観　点	評　　　価
1　作業の丁寧さ（着色・糊付け）	1————2————3
2　季節感の意識	1————2————3
3　位置認識	1————2————3
4　遊具の位置（つながりの意識）	1————2————3
5　健康・安全の配慮	1————2————3
6　環境の意識	1————2————3
7　ゾーニング（スペースの確保）	1————2————3
8　空間（周辺・入口）	1————2————3
9　創意工夫（自分のプラスワン）	1————2————3
10　説明文（自分の思い）	1————2————3

こう」で「こんな公園だったらいいな」のプランニングに対する評価カード
の例である。

　生活科授業では，子どもの選択によって，学習の事例や対象をはじめ，学
習方法も含めて自己選択をする活動が行われる場合が多い。その場合，なぜ
それを選択したのか，つまり，選択の基準や根拠などを明確にさせる必要が
ある。「ただ友だちをまねた」とか「ただなんとなく」という選択理由ではなく，
なぜ選択したのかという強い動機づけの説明が必要である。そして，個別的
な行為として子どもがどれだけ自立的に解決できているのかというのがポイ
ントである。自分の考えを構築しているプロセスを評価することで，授業実
践の評価にもつながる。

2　メタ評価法

　評価者によって，他者・自己・相互評価という三つの評価が考えられる。
他者評価は，指導者である教師が中心である。ただ，開かれた学校や外部評
価が推進されていることを考えると，保護者やゲストティーチャーなどによ
る情報を加えることが必要である。

　自己評価は，他者評価に対応するものであるが，子ども自身が，自分の学
習内容，意欲，行動，態度などを評価して，それによって得られた情報で自
己省察（リフレクション）する機会を設定するということである。

　授業には，自己評価，つまり，メタ評価を組み込む必要がある。メタ評価
と言っても何も難しい評価ではない。自分の学習成果の具合を自分で評価す
ることである。自分の学習をリフレクションすることで，「自分は，どこが
わかっていて，どこがわからないのか」というのは，もちろんのこと，「自
分ではこう言える，こう考える」というものを意識して記録することが大切
である。言語力をつけるためにも，このメタ評価法を生活科に組み込むこと
を提案する。「自分は，どう思うか，何を学んだのか」というリフレクショ
ンの設定は，言語力が要求される。何について，なぜ，どのように調べたの
かという総合的に調べる力や，それ以上に，相手にわかりやすく伝える力，
コメント力が要求される場面である[2]。

　教師は，学習活動の各場面で教師の観察（見取り）が必要である。特に，

生活科では，具体的な活動や体験が中心になるので，例えば，次のような場面をしっかりと見取らなければならない。

・友だちに学習内容に関わることを話しかけたり，相談したりしている。
・学習内容について地図や図鑑，辞書などの資料を使って調べている。
・探検，調査に行って，自分から質問している。
・探検準備中や探検中に，友だちの意見を聞きつつ活動を進めていく中で，有効な意見を出している。
・活動に必要なものを自分で準備している。
・日常生活（授業以外：朝の会，放課後，日記など）において，意欲的に学習している。

　この評価を継続していくことで，個々のポートフォリオを創り上げていく。ポートフォリオ評価によって，①子どもに何ができるのか。②子どもを肯定的にとらえる。③できるところを見付ける。④肯定的な見方をする教師の言葉かけは，子どもに自信を与える，益々やる気を引き出す。ということにつなげていく。

3　ポートフォリオ評価法

　ポートフォリオ評価 Portfolio　Assessment とは，1980 年代頃からアメリカで，その考え方や実践が登場するようになった評価である。元々ロンドン大学のＳ．クラークらにより開発された方法であるが，アメリカで導入されて名実ともに発展してきている。学習活動において，児童生徒が作成した作文，レポート，作品，テスト，活動の様子がわかる写真やＶＴＲなどをファイルに入れて保存する方法をポートフォリオ評価という[3]。ポートフォリオ評価とは「教育目的に沿って収集した学習者の学習成果のコレクション」と定義されているように，ある教育目的に沿って集められることが重要であり，次の九つの特徴がある[4]。

（1）コレクション　Collection
　言語を運用した作品を一つ以上収集する。普段の学習環境において生み出

された幅広い作品を収集することにより，評価に妥当性をもたらすことができる。また，子どもの反省の言葉や自己評価も収集する。

（2）範囲　Range

収集するものは様々な形式・ジャンルのものであり，様々な目的のために書かれたものがすべて対象となる。

（3）学習状況の重要性　Context richness

ポートフォリオの内容は，生活科の学習内容を反映し，学習体験の中から生み出された作品を表す。子ども自身の経験を自分の文章スタイルで書き，評価対象とすることができる。学習状況や背景知識を十分に活用することができる。

（4）再評価　Delayed Evaluation

再評価の前に修正・追加するための時間と動機付けを子どもに与える。学習に対する責任をもたせることもできる。

（5）選択　Selection

子どもが必要条件や基準に沿って作品を選ぶ。質の良い作品を選択することは自己評価能力を増進させることができる。

（6）学習者の主体性　Student Centered Control

評価内容は，子どもの主体性に任せることができる。

（7）反省と自己評価　Reflection and Self Assessment

自分の作品や進捗状況について反省すること及び自己評価することで，自らの学習を自覚できるようになる。

（8）特定のパラメーターに沿った成長　Growth Along Specific Parameters

ポートフォリオが，学習過程をしっかり残していれば，学習過程＝自分の成長としてたどる手段となる。

（9）期間中の発達　Development Over Time

ポートフォリオは，単元のプロセスで，学習者の発達を測定する手段となる。

例えば，導入段階と終末段階で見比べるとその発展過程を確認することができる。以上の九つの特徴に基づいて，ポートフォリオ評価は，次のようにまとめることができる。

> ①子ども一人一人のファイルを一冊ずつ作る。
> ②一冊のファイルは，教室で一括して集めておく。
> ③授業で使ったプリントや，観察カードなどを全部このファイルに綴じ込む。
> ④子どもを多面的に見て評価して，その評価を積極的に授業に活かす。

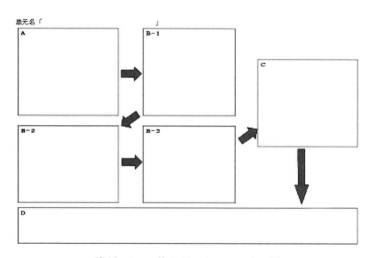

資料13　1枚のポートフォリオの例

　生活科では，子どもの実態に基づいて，単元が終わった後，1枚のポートフォリオにまとめる活動を位置づけている。
　1枚のポートフォリオは，A～Dの質問事項を準備して，子どもに学習活動をリフレクションさせる方法である。例えば，第2学年「野菜を育てよう」の学習が終末になった段階で，次のような質問をして，1枚のポートフォリオにまとめていく（資料13参照）。

【質問事項の例】
A　トマトについて，知っていることを三つ（Aに）書きなさい。
B　トマトを育てて印象に残っていることを三つ（B1～B3に）書きなさい。

第5章　生活科授業デザインの評価

C　野菜づくりをして，どんなことに気付きましたか。書きなさい。
D　野菜づくりをして，あなたは，どんなことが変わりましたか。また，今後，どんなことをしたいですか。書きなさい。

　1枚のポートフォリオというのは，1枚の紙に，学習前・学習中・学習後の考えを子どもが書き，自己評価や教師の評価と指導に活かすシートである。このようなシートに，単元ごとに定期的にリフレクションすることで，個々にポートフォリオが積み上げられていく。生活科でぜひ取り入れたい方法である。

第3節——生活科授業デザインにおける評価の展開

1　エンカウンターで気付きを深める

　生活科授業においては，五感を活用して，多種多様な体験活動や表現活動が組織される。創造性を培う授業を支える視点の一つは，子どもの気付きを記録として残しておき，気付きを再構成する際に活かしていくことである。そのための手だては，日々の生活の中で，方法的能力を駆使する場として発見活動を位置づけ，生活科授業とも連動させていく。この発見活動は，エンカウンター encounter によって，子どもが，事物や事柄，自分の行動について「心をはたらかせること」を目的としている。つまり，心を動かした（感動）ものをもう一度よく考えたり，想像したりするためにノートを活用する。具体的には，子どもが，日常生活の中で見つけた事実や出来事を対象として，場面を示す絵と自分の言葉である気付きで構成しているノートである。絵を描くということは，とても思考を深める上で大切なことである。何よりも物事をシンボリックにとらえることができなければ，印象的な絵は描けない。図鑑や本の絵をそのまま写すこともスキルが必要だが，自分の思っていることをイメージを膨らませて描くためには，スキルにプラスアルファ（見方・考え方）が必要になってくる。また，絵には，必ず色鉛筆で，着色をする。色をつける目的は，まず第一に，シンボリックに表現したものをよりわかりやすく表現することと，季節感を出すことである。このことは，子どもに「よく見て描く」という基本的な活動を意識づけることもできる。

223

ノートのテーマは，大きく分けて二つある。一つは，自分の見つけた自由なテーマで書くもの。もう一つは，生活科授業の中で共通の題材として与えるものである。自分の見つけたテーマとしては，例えば，植物の変化から季節の移り変わりを感じたり，家族や友だちのささいな行動から人間のおもしろさや弱さを見つけたり，会話から他人の思いやりやあたたかさを感じたりするようにする。そのためには，物事をわかりやすく，感じたことをよりはっきりあらわすための工夫をすることが必要である。日常の小さな出来事に対し，目を見はり，それらを題材にして，自分なりの見方で書いてほしい。自分の感じたことを大切にして，ありきたりの表し方ではなく，もっと感じたことの生まれた事実をつきつめていかなければならない。～のような，～のようだ，～のようになど比喩（似た性質のものにたとえて述べる）の活用をすれば，自分の感じたことがうまく伝わる。「自分で〇〇を見つけたよ」と，自分でテーマを見つけることができれば，授業にも連動できる。また，生活科授業の中で共通の題材として与えるのは，授業が次の活動への契機になるようにテーマとして与えている。実際に活動をしての気付きを報告してもらうようにする。また，ノートの形式も大きく分けて二つある。一つは，5mm方眼のノートに比較的自由に書く形式と，もう一つは，「見つけたよ！カード」のように1枚1枚のプリント用紙に絵が描ける空間と，文字を書くスペースに線を引いて示しているカード形式である。両方ともに，自分が書いたノートはポートフォリオに保存をしておくことが大切である。

　子どもたちが入学以来，みんなの感動や思いをいっぱい咲かせるために，生活科ノートは，「ひまわり」と命名されている。自分が生活をしている中で見つけたことを教師に報告をする。教師は，それに対して朱書きをして子どもとの交流を続けていく。さらに，子どもが，報告をしてくれたノートやカードは，学級通信・教科通信を活用して，子どもと保護者に情報として継続して提供する。そのことで，子どもの多面的な見方や新しい視点の獲得のための支援になる。また，機会を見つけて，授業でも取り上げ，子どもに情報として提供したり，新しい視点を得るための子どもにとってのヒントとして位置づけたりする。そのことによって，自分とは違う，友だちの見方を知ることができる。それは，多面的な見方や新しい視点の獲得につながる。考

第 5 章　生活科授業デザインの評価

表 7　生活科授業における教師の役割

①	インストラクター instructor	指導者（伝授） オリエンテーション・操作説明 基本的なスキルの習得のための伝授をする。
②	インタープリター interpreter	解説者（仲介） 他のものからのメッセージを解説する。
③	ファシリテーター facilitator	促進者（触媒） 子どもの気付きを促す，引き出す。

えたことや感じたことを気付きとして書き続けることによって，社会，自然，文化を見つめて，感じたことや疑問を素直に表現するという考える生活を子どもにもたらし，そこから思索に富んだ向上的でしかも生産的な生き方を子どもが体験することになる。この活動を継続していくことで，対象物に対する子どもの気付きは，確実に深まっていく。

　また，この活動によって，授業と授業の間を有効に活かすことが可能になる。その繰り返しの中で，教師は，子どもとノートで個人的に対話することになる。それが，子どもの表現力を育てるのにもっとも有効だと考える。子どもの語っている事柄に対し，形式的ではなく，誠実に心をこめて対話する必要がある。これらのノートでは，子どもが，事実や出来事だけを書くのではなく，ネットワークづくりができているか，方法的能力を駆使して，事実や出来事に対して自分なりによく考えているか，よく感じているかということによって，個々に把握できるようにする。

2　教師の役割

　子どもが向上的に変容したり，成長したりするためには，安心できる環境が必要である。そのために，環境構成を行う教師の役割は大きい。生活科授業における教師は，①指導者②解説者③促進者という三つの立場を，様々な授業場面で使い分ける必要がある。表 7 に教師の役割をまとめておく。

　また，創造性を培う授業にするためには，時と場に応じた教師の支援[5]が必要である。次の六点を考え，生活科授業デザインに活かせるようにする。

①情報的支援	②道具的支援	③心情的支援
④場的支援	⑤共行動的支援	⑥評価的支援

（1）情報的支援　information support

　子どもの追究に対して，パンフレットや図鑑などの資料を子どもが必要に応じて取捨選択できるように準備しておく。第2学年の単元「ランドマークを見つけよう」における「町たんけん」や「のりものにのって」では，子どもは，パンフレットや資料を活用して，自分の調べたい公共施設や乗り物について情報を得る。

（2）道具的支援　tool support

　問題を解決するための具体的な援助をする。「～をしたい」，「～でしたい」といった子どもの欲求に応える用具や器具，現物等あらゆるニーズに応じられる「物」についてその量や種類を想定し準備しておく。道具的支援では，サツマイモやキュウリなどの実物はもちろん，コンピュータを道具として活用して，マップづくりをすることも道具的支援に位置づける。

（3）心情的支援　mind support

　子どもの活動がつまずいたり，意欲や自信をなくしてしまったりしたときに必要に応じて励ましたり，問題を解決するときに相談にのったりする「言葉かけ」を中心とした支援である。教師の関わりにおいて，大切なことは，子どもが意欲的に活動できるための「言葉かけ」を中心とした支援が大切である。特に，子どもに対して，必要なことは，まず，「理由」を聞いてあげることである。子どもの行動には必ず理由がある。その理由をまず聞いて，適切に対応することである。

（4）場的支援　site support

　教室に限定しないで，体育館，運動場，特別教室等子どもの必要に応じて可能な限りな空間的な「場」を保障する。また，活動内容によって，時数の柔軟的な運用や単位時間の授業の中での活動する時間や話し合いの時間等時間的な「場」を保障する。空間の保障としては，学校の近くの公園や学校のまわりや市の中心部をはじめ，公共施設の活用など，場を限定しない活動が

第5章　生活科授業デザインの評価

必要である。

（5）共行動的支援　co-acting support

子どもと一緒に活動することによって，子どもの活動の進度具合や心情が詳細に把握することができる。子どもの活動への即効性が期待できる支援である。単元「生きかえる○○○」では，子どもの製作活動をともに教師も活動することによって子どもの意欲を高めている。

（6）評価的支援　evaluation support

子どもの活動に対してその価値を認めたり，活動に対してしっかりと分析をしていいところを賞揚したりすることによって，次の活動への新たな意欲づけをする支援である。具体的には，日々の授業での「言葉かけ」や，生活科ノートを活用し，子どもの報告に対して，朱書きや学級通信，生活科通信などを活用して，子どもの追究に見合うだけの分析と評価を心がけなければならない。

次のような生活科Qがある[6]。教師は，どのように対応すればいいのか。六つの支援をベースにして考えてみよう。

---

①ミニトマトが収穫ができなかった子がいました。どんな配慮が必要だったでしょう。

②虫を捕まえられない，生きものにさわれない子がいます。どのように対応したらいいですか。

③動作化を恥ずかしがる子どもには，どのように指導したらいいですか。

④何かの事情で小さな頃の品物を持ってこられない児童には，どのような配慮が必要ですか。

⑤子どもによって，製作時間に差があります。個人差にはどのように対応したらいいですか。

⑥収穫したミニトマトを使って，サラダパーティーをします。何をポイントに評価をすればいいですか。

⑦学校探検や町探検など，担任の目が届かない場での子どもの活動の様子の評価では，どんなことに気をつけたらいいですか。

227

⑧社会科や理科における「見る，調べる」活動と，生活科の「見る，調べる」活動とは，同じなのですか。違うのですか。違うのならどのように違うのですか。

3 求められるマネジメント力

　子どもに，学力保障と成長保障という二つの大きな保障をすることが学校教育の目標である。学力を客観的に分析するためには，教師は，生活科の教育内容を決めるための教材研究力をしっかりとつけなければならない。また，成長をしっかりと支援するためには，子どものやる気や可能性を引き出す研究が欠かせない。子どものやる気や可能性を引き出すためには，社会性を基盤にした個人の生き方や在り方を学校・家庭・地域が連携して展開することが必要である。その中で，学校の教師の役割は大きい。教師は，子どもの良さを見つけ，全員を等しく評価してあげることが大切である。

　今，社会で求められているのは，だれかの指示で動くのではなく，自ら現状の問題を自ら発見し，解決していくことである。これは，教師も含めて子どもも，自分で自分のことをしっかりとマネジメント（管理）management することである。教師ならば学級経営や授業づくりのマネジメント，子どもならば自分の足下をしっかりと見つめる自己管理が必要である。また，マネジメントという視点は，自己管理はもちろん，全体をいかに把握して，個々を大切に見ていくかという教師にとって大切な資質である。そのような意識は，だれでももっていることだが，授業づくりになかなか反映されていない。むずかしい理論をトップダウンの手法で子どもに教えたり，子ども主体という名ばかりの，子どもにお任せ的な授業が行われている。

　子どもに何か問題があれば，どこに問題があるのかを教師は，自分の目で見極め，問題を克服するための学習や練習を楽しく取り組ませることが必要である。子どもが少しずつ成長していることに対して，体全体を使って褒めたり，喜びのリアクションも必要である。そして，何より，必要なのは，高い目標を設定して子どもに取り組ませることである。教師は，子どもの「きっかけ」づくりをしなければならない。どんな些細なことでも，何が「きっかけ」になるかはわからない。教師は，教えている子どもに何かのきっかけづ

くりのために仕事をしていると言っても過言ではない。悪い方向へ行くのも，良い方向へ行くのも，教師を含めた指導者がいかに大きな役割を占めるのか。とても大切な役割をしているのだから，教師は，自分のためにはもちろん，目の前にいる子どものためにしっかりと自分をマネジメントできることが大切である。

【註】

(1) 田中耕治編『よくわかる教育評価』ミネルヴァ書房，2005年。

(2) 授業場面において教師に求められる能力に鑑識眼がある。鑑識眼discerning eyeとは元々物事の善悪・真偽・美醜などを見分ける能力のことである。アイスナー Eisner. E. Wは，教師は，児童生徒の活動のありさまをつぶさに観察記述しながら価値判断を行う「鑑識眼」とそれを言語化して児童生徒やその保護者等に伝えることのできる批評眼 critical eye といった高度な能力が求められると主張している。

(3) エスメ・グロワート著・鈴木秀幸訳『教師と子供のポートフォリオ評価』論創社，1999年。

(4) 佐藤史子・森朋子「ポートフォリオ評価の現状」『東京家政学院大学紀要』第44号，2004年，171頁〜180頁。

(5) 社会的支援の役割（Cohen&Wills, 1985）として，①評価的支援②情緒的支援③道具的支援④共行動支援の四つ支援を提示している。これを参考にして生活科授業における教師の支援として六つの観点を導き出した。

(6) この生活科Qは，学校現場の研修会や研究会等で実際に質問された内容を取り上げている。生活科を担当している教師の日々の悩みでもある。重要なポイントは，子どもに「まず，理由を聞いてあげること」である。

エピローグ

　近年，子どもの学ぶ意欲や規範意識，社会性の低下など，複雑・多様化する学校教育の課題に対応し得る，高度な専門性と豊かな人間性・社会性を備えた実践力のある資質の高い教員が求められている。兵庫教育大学に赴任して，所属している大学院学校教育研究科教育実践高度化専攻・小学校教員養成特別コースは，大学卒業予定者や社会人など小学校教員免許状を取得していない人を対象に，学部教育で取得した専門性や社会経験を生かして，学校教育の課題に対応できる実践的な指導力・展開力を備えた教員を養成しているコースである。入学してくる学生は，小学校教員になりたいという夢をもち，みんなとても意欲的な学生が全国から集まっている。現在，子どもの成長にきっかけを与えることのできる教育実践力のある教員養成に携わって，日々奮闘している。その学生たちに，日々伝えていることがある。それは，子どものやる気や可能性を引き出し，上手に伸ばしてあげる教師の大切な役割のことである。人間は，年齢，今置かれている状況は全く関係ない。真剣に学んでみようと思った時が，再スタートの時である。それは，子どもも同じである。みんなにほめられたい，認められたいと思って学校に来ている。子どもの成長に関わる教師の役割は重要である。

　今回の出版は，2015年に出版した拙著『生活科授業デザイン論』をベースに，新たなカリキュラム・マネジメントの考え方を提案している。授業実践の質的な向上は，授業力をつけるための授業研究にある。これまでの授業理論や授業構成という段階から，授業デザインという学習者の理論や子どもの心理を踏まえながら，考えていくレベルが授業研究には必要である。

　生活科は，生活科誕生時のある種のブームが去り，他教科と同様に落ち着いた感がある。それは，同時に研究が進捗状況にないことを意味している。「生活科のことは，もうわかった。もういい。」という誤って固定化された認識が，生活科授業をさらに停滞化させていくのではないかと危惧をしている。しかし，今，生活科研究に関わっている人が，本当の生活科を発展できる人である。そして，生活科が，今後も学校教育を変革していくキーワードになると信じている。

そのためにも，今後とも生活科研究をライフワークとして，カリキュラム・マネジメントをキーコンセプトにして，生活科のもつ，より総合的な視点からの授業づくりに前向きに取り組んでいくつもりである。

最後に私事であるが，生活科を語る場合，どうしても自分の中で人間存在の「破壊し得ないこと」（indestructibility of human existence）という言葉が離れられない。生活科の専任教員として広島大学附属小学校在任時代に，我が最愛の娘玲（あきら：享年4歳）が，突然の病で，自分の前から姿を消した。その時は，自分の人生そのものを否定された感じになり，落ち込む日々が続いた。でも，当時の教え子から数え切れないほどの言葉を綴った生活科ノートで励ましを受けて少しずつ立ち直ることができたと思っている。そんな時に出会った言葉が人間存在の「破壊し得ないこと」（indestructibility of human existence）という言葉である。

自分がここに生きてきた事実，存在したということは，誰も否定できない破壊し得ないことである。我が最愛の娘が，たった4年間ではあったが，この世に存在してくれたという事実も，自分の最愛の娘であったという事実も，永遠に「破壊し得ない」ことである。すべての事実を自分なりに受け止めて，ずっと今も自分は生き続けている，というよりも生かされている感覚でいる。自分のモットーは，授業が，子どもの生きていく「きっかけ」となってくれることである。追究することの楽しさや自分の能力の限界に挑戦したり，自分が納得できるように一生懸命に努力をする人を育てたい。それは，小学生でも大学生でも同じである。「やればできる。」と言うけれど，「やれる＝努力できる」ことができない人が多い。努力できることは一つの才能である。多くの教え子たちの努力に負けないように，今後とも生活科教育の発展に寄与できるように大学現場から発信し続けたいと心新たにしている。

末筆になったが，出版業界の厳しい状況の中で，本書出版を快くお引き受け，編集の労を取っていただいたふくろう出版の亀山裕幸氏に心からお礼を申し述べたい。

2019年5月5日

兵庫教育大学　教育・言語・社会棟727 關研究室にて

關　　浩和

資料編

学校教育法施行規則（抄）

昭和 22 年 5 月 23 日文部省令第 11 号
一部改正：平成 29 年 3 月 31 日文部科学省令第 20 号

第二節　教育課程

第五十条　小学校の教育課程は，国語，社会，算数，理科，生活，音楽，図画工作，家庭，体育及び外国語の各教科（以下この節において「各教科」という。），特別の教科である道徳，外国語活動，総合的な学習の時間並びに特別活動によつて編成するものとする。

　2　私立の小学校の教育課程を編成する場合は，前項の規定にかかわらず，宗教を加えることができる。この場合においては，宗教をもつて前項の特別の教科である道徳に代えることができる。

第五十一条　小学校（第五十二条の二第二項に規定する中学校連携型小学校及び第七十九条の九第二項に規定する中学校併設型小学校を除く。）の各学年における各教科，特別の教科である道徳，外国語活動，総合的な学習の時間及び特別活動のそれぞれの授業時数並びに各学年におけるこれらの総授業時数は，別表第一に定める授業時数を標準とする。

第五十二条　小学校の教育課程については，この節に定めるもののほか，教育課程の基準として文部科学大臣が別に公示する小学校学習指導要領によるものとする。

第五十二条の二　小学校（第七十九条の九第二項に規定する中学校併設型小学校を除く。）においては，中学校における教育との一貫性に配慮した教育を施すため，当該小学校の設置者が当該中学校の設置者との協議に基づき定めるところにより，教育課程を編成することができる。

　2　前項の規定により教育課程を編成する小学校（以下「中学校連携型小学校」という。）は，第七十四条の二第一項の規定により教育課程を編成する中学校と連携し，その教育課程を実施するものとする。

第五十二条の三　中学校連携型小学校の各学年における各教科，道徳，外国語活動，総合的な学習の時間及び特別活動のそれぞれの授業時数並びに各学年におけるこれらの総授業時数は，別表第二の二に定める授業時数を標準とする。

第五十二条の四　中学校連携型小学校の教育課程については，この章に定めるもののほか，教育課程の基準の特例として文部科学大臣が別に定めるところによるものとする。

第五十三条　小学校においては，必要がある場合には，一部の各教科について，これらを合わせて授業を行うことができる。

第五十四条　児童が心身の状況によつて履修することが困難な各教科は，その児童の心身の状況に適合するように課さなければならない。

第五十五条　小学校の教育課程に関し，その改善に資する研究を行うため特に必要があり，かつ，児童の教育上適切な配慮がなされていると文部科学大臣が認める場合においては，文部科学大臣が別に定めるところにより，第五十条第一項，第五十一条（中学校連携型小学校にあつては第五十二条の三，第七十九条の九第二項に規定する中学校併設型小学校にあつては第七十九条の十二において準用する第七十九条の五第一項）又は第五十二条の規定によらないことができる。

第五十五条の二　文部科学大臣が，小学校において，当該小学校又は当該小学校が設置されている地域の実態に照らし，より効果的な教育を実施するため，当該小学校又は当該地域の特色を生かした特別の教育課程を編成して教育を実施する必要があり，かつ，当該特別の教育課程について，教育基本法（平成十八年法律第百二十号）及び学校教育法第三十条第一項の規定等に照らして適切であり，児童の教育上適切な配慮がなされているものとして文部科学大臣が定める基準を満たしていると認める場合においては，文部科学大臣が別に定めるところにより，第五十条第一項，第五十一条（中学校連携型小学校にあつては第五十二条の三，第七十九条の九第二項に規定する中学校併設型小学校にあつては第七十九条の十二において準用する第七十九条の五第一項）又は第五十二条の規定の全部又は一部によらないことができる。

第五十六条　小学校において，学校生活への適応が困難であるため相当の期間小学校を欠席し引き続き欠席すると認められる児童を対象として，その実態に配慮した特別の教育課程を編成して教育を実施する必要があると文部科学大臣が認める場合においては，文部科学大臣が別に定めるところにより，第五十条第一項，第五十一条（中学校連携型小学校にあつては第五十二条の三，第七十九条の九第二項に規定する中学校併設型小学校にあつては第七十九条の十二において準用する第七十九条の五第一項）又は第五十二条の規定によらないことができる。

第五十六条の二　小学校において，日本語に通じない児童のうち，当該児童の日本語を理解し，使用する能力に応じた特別の指導を行う必要があるものを教育する場合には，文部科学大臣が別に定めるところにより，第五十条第一項，第五十一条（中学校連携型小学校にあつては第五十二条の三，第七十九条の九第二項に規定する中学校併設型小学校にあつては第七十九条の十二において準用する第七十九条の五第一項）及び第五十二条の規定にかかわらず，特別の教育課程によることができる。

第五十六条の三　前条の規定により特別の教育課程による場合においては，校長は，児童が設置者の定めるところにより他の小学校，義務教育学校の前期課程又は特

別支援学校の小学部において受けた授業を，当該児童の在学する小学校において受けた当該特別の教育課程に係る授業とみなすことができる。

第五十六条の四　小学校において，学齢を経過した者のうち，その者の年齢，経験又は勤労の状況その他の実情に応じた特別の指導を行う必要があるものを夜間その他特別の時間において教育する場合には，文部科学大臣が別に定めるところにより，第五十条第一項，第五十一条（中学校連携型小学校にあつては第五十二条の三，第七十九条の九第二項に規定する中学校併設型小学校にあつては第七十九条の十二において準用する第七十九条の五第一項）及び第五十二条の規定にかかわらず，特別の教育課程によることができる。

備考
一　この表の授業時数の一単位時間は，四十五分とする。
二　特別活動の授業時数は，小学校学習指導要領で定める学級活動（学校給食に係るものを除く。）に充てるものとする。
三　第五十条第二項の場合において，特別の教科である道徳のほかに宗教を加えるときは，宗教の授業時数をもつてこの表の特別の教科である道徳の授業時数の一部に代えることができる。
（別表第二及び別表第四の場合においても同様とする。）

附則
この省令は，令和二年四月一日から施行する。
別表第一（第五十一条関係）

区　分		第1学年	第2学年	第3学年	第4学年	第5学年	第6学年
各教科の授業時数	国　語	306	315	245	245	175	175
	社　会			70	90	100	105
	算　数	136	175	175	175	175	175
	理　科			90	105	105	105
	生　活	102	105				
	音　楽	68	70	60	60	50	50
	図画工作	68	70	60	60	50	50
	家　庭					60	55
	体　育	102	105	105	105	90	90
	外国語					70	70
道　徳		34	35	35	35	35	35
外国語活動				35	35		
総合的な学習の時間				70	70	70	70
特別活動		34	35	35	35	35	35
総授業時数		850	910	980	1,015	1,015	1,015

小学校学習指導要領（抄）　　　　　　平成 29 年 3 月文部科学省告示第 63 号

第1章　総則
第1　小学校教育の基本と教育課程の役割
1　各学校においては，教育基本法及び学校教育法その他の法令並びにこの章以下
　に示すところに従い，児童の人間として調和のとれた育成を目指し，児童の心身
　の発達の段階や特性及び学校や地域の実態を十分考慮して，適切な教育課程を編
　成するものとし，これらに掲げる目標を達成するよう教育を行うものとする。
2　学校の教育活動を進めるに当たっては，各学校において，第3の1に示す主体
　的・対話的で深い学びの実現に向けた授業改善を通して，創意工夫を生かした特
　色ある教育活動を展開する中で，次の（1）から（3）までに掲げる事項の実現
　を図り，児童に生きる力を育むことを目指すものとする。
（1）基礎的・基本的な知識及び技能を確実に習得させ，これらを活用して課題を
　解決するために必要な思考力，判断力，表現力等を育むとともに，主体的に学習
　に取り組む態度を養い，個性を生かし多様な人々との協働を促す教育の充実に努
　めること。その際，児童の発達の段階を考慮して，児童の言語活動など，学習の
　基盤をつくる活動を充実するとともに，家庭との連携を図りながら，児童の学習
　習慣が確立するよう配慮すること。
（2）道徳教育や体験活動，多様な表現や鑑賞の活動等を通して，豊かな心や創造
　性の涵養を目指した教育の充実に努めること。学校における道徳教育は，特別の
　教科である道徳（以下「道徳科」という。）を要として学校の教育活動全体を通
　じて行うものであり，道徳科はもとより，各教科，外国語活動，総合的な学習の
　時間及び特別活動のそれぞれの特質に応じて，児童の発達の段階を考慮して，適
　切な指導を行うこと。道徳教育は，教育基本法及び学校教育法に定められた教育
　の根本精神に基づき，自己の生き方を考え，主体的な判断の下に行動し，自立し
　た人間として他者と共によりよく生きるための基盤となる道徳性を養うことを目
　標とすること。道徳教育を進めるに当たっては，人間尊重の精神と生命に対する
　畏敬の念を家庭，学校，その他社会における具体的な生活の中に生かし，豊かな
　心をもち，伝統と文化を尊重し，それらを育んできた我が国と郷土を愛し，個性
　豊かな文化の創造を図るとともに，平和で民主的な国家及び社会の形成者として，
　公共の精神を尊び，社会及び国家の発展に努め，他国を尊重し，国際社会の平和
　と発展や環境の保全に貢献し未来を拓く主体性のある日本人の育成に資すること
　となるよう特に留意すること。
（3）学校における体育・健康に関する指導を，児童の発達の段階を考慮して，学

校の教育活動全体を通じて適切に行うことにより，健康で安全な生活と豊かなスポーツライフの実現を目指した教育の充実に努めること。特に，学校における食育の推進並びに体力の向上に関する指導，安全に関する指導及び心身の健康の保持増進に関する指導については，体育科，家庭科及び特別活動の時間はもとより，各教科，道徳科，外国語活動及び総合的な学習の時間などにおいてもそれぞれの特質に応じて適切に行うよう努めること。また，それらの指導を通して，家庭や地域社会との連携を図りながら，日常生活において適切な体育・健康に関する活動の実践を促し，生涯を通じて健康・安全で活力ある生活を送るための基礎が培われるよう配慮すること。

3　2の（1）から（3）までに掲げる事項の実現を図り，豊かな創造性を備え持続可能な社会の創り手となることが期待される児童に，生きる力を育むことを目指すに当たっては，学校教育全体並びに各教科，道徳科，外国語活動，総合的な学習の時間及び特別活動（以下「各教科等」という。ただし，第2の3の（2）のア及びウにおいて，特別活動については学級活動（学校給食に係るものを除く。）に限る。）の指導を通してどのような資質・能力の育成を目指すのかを明確にしながら，教育活動の充実を図るものとする。その際，児童の発達の段階や特性等を踏まえつつ，次に掲げることが偏りなく実現できるようにするものとする。

（1）知識及び技能が習得されるようにすること。

（2）思考力，判断力，表現力等を育成すること。

（3）学びに向かう力，人間性等を涵養すること。

4　各学校においては，児童や学校，地域の実態を適切に把握し，教育の目的や目標の実現に必要な教育の内容等を教科等横断的な視点で組み立てていくこと，教育課程の実施状況を評価してその改善を図っていくこと，教育課程の実施に必要な人的又は物的な体制を確保するとともにその改善を図っていくことなどを通して，教育課程に基づき組織的かつ計画的に各学校の教育活動の質の向上を図っていくこと（以下「カリキュラム・マネジメント」という。）に努めるものとする。

第2　教育課程の編成

1　各学校の教育目標と教育課程の編成

　　教育課程の編成に当たっては，学校教育全体や各教科等における指導を通して育成を目指す資質・能力を踏まえつつ，各学校の教育目標を明確にするとともに，教育課程の編成についての基本的な方針が家庭や地域とも共有されるよう努めるものとする。その際，第5章総合的な学習の時間の第2の1に基づき定められる目標との関連を図るものとする。

2 教科等横断的な視点に立った資質・能力の育成

（1）各学校においては，児童の発達の段階を考慮し，言語能力，情報活用能力（情報モラルを含む。），問題発見・解決能力等の学習の基盤となる資質・能力を育成していくことができるよう，各教科等の特質を生かし，教科等横断的な視点から教育課程の編成を図るものとする。

（2）各学校においては，児童や学校，地域の実態及び児童の発達の段階を考慮し，豊かな人生の実現や災害等を乗り越えて次代の社会を形成することに向けた現代的な諸課題に対応して求められる資質・能力を，教科等横断的な視点で育成していくことができるよう，各学校の特色を生かした教育課程の編成を図るものとする。

3 教育課程の編成における共通的事項

（1）内容等の取扱い

ア 第2章以下に示す各教科，道徳科，外国語活動及び特別活動の内容に関する事項は，特に示す場合を除き，いずれの学校においても取り扱わなければならない。

イ 学校において特に必要がある場合には，第2章以下に示していない内容を加えて指導することができる。また，第2章以下に示す内容の取扱いのうち内容の範囲や程度等を示す事項は，全ての児童に対して指導するものとする内容の範囲や程度等を示したものであり，学校において特に必要がある場合には，この事項にかかわらず加えて指導することができる。ただし，これらの場合には，第2章以下に示す各教科，道徳科，外国語活動及び特別活動の目標や内容の趣旨を逸脱したり，児童の負担過重となったりすることのないようにしなければならない。

ウ 第2章以下に示す各教科，道徳科，外国語活動及び特別活動の内容に掲げる事項の順序は，特に示す場合を除き，指導の順序を示すものではないので，学校においては，その取扱いについて適切な工夫を加えるものとする。

エ 学年の内容を2学年まとめて示した教科及び外国語活動の内容は，2学年間かけて指導する事項を示したものである。各学校においては，これらの事項を児童や学校，地域の実態に応じ，2学年間を見通して計画的に指導することとし，特に示す場合を除き，いずれかの学年に分けて，又はいずれの学年においても指導するものとする。

オ 学校において2以上の学年の児童で編制する学級について特に必要がある場合には，各教科及び道徳科の目標の達成に支障のない範囲内で，各教科及び道徳科の目標及び内容について学年別の順序によらないことができる。

カ 道徳科を要として学校の教育活動全体を通じて行う道徳教育の内容は，第3章特別の教科道徳の第2に示す内容とし，その実施に当たっては，第6に示す道徳

237

教育に関する配慮事項を踏まえるものとする。

（2）授業時数等の取扱い

ア　各教科等の授業は，年間35週（第1学年については34週）以上にわたって行うよう計画し，週当たりの授業時数が児童の負担過重にならないようにするものとする。ただし，各教科等や学習活動の特質に応じ効果的な場合には，夏季，冬季，学年末等の休業日の期間に授業日を設定する場合を含め，これらの授業を特定の期間に行うことができる。

イ　特別活動の授業のうち，児童会活動，クラブ活動及び学校行事については，それらの内容に応じ，年間，学期ごと，月ごとなどに適切な授業時数を充てるものとする。

ウ　各学校の時間割については，次の事項を踏まえ適切に編成するものとする。

　（ア）各教科等のそれぞれの授業の1単位時間は，各学校において，各教科等の年間授業時数を確保しつつ，児童の発達の段階及び各教科等や学習活動の特質を考慮して適切に定めること。

　（イ）各教科等の特質に応じ，10分から15分程度の短い時間を活用して特定の教科等の指導を行う場合において，教師が，単元や題材など内容や時間のまとまりを見通した中で，その指導内容の決定や指導の成果の把握と活用等を責任をもって行う体制が整備されているときは，その時間を当該教科等の年間授業時数に含めることができること。

　（ウ）給食，休憩などの時間については，各学校において工夫を加え，適切に定めること。

　（エ）各学校において，児童や学校，地域の実態，各教科等や学習活動の特質等に応じて，創意工夫を生かした時間割を弾力的に編成できること。

エ　総合的な学習の時間における学習活動により，特別活動の学校行事に掲げる各行事の実施と同様の成果が期待できる場合においては，総合的な学習の時間における学習活動をもって相当する特別活動の学校行事に掲げる各行事の実施に替えることができる。

（3）指導計画の作成等に当たっての配慮事項

　　各学校においては，次の事項に配慮しながら，学校の創意工夫を生かし，全体として，調和のとれた具体的な指導計画を作成するものとする。

ア　各教科等の指導内容については，（1）のアを踏まえつつ，単元や題材など内容や時間のまとまりを見通しながら，そのまとめ方や重点の置き方に適切な工夫を加え，第3の1に示す主体的・対話的で深い学びの実現に向けた授業改善を通して資質・能力を育む効果的な指導ができるようにすること。

イ　各教科等及び各学年相互間の関連を図り，系統的，発展的な指導ができるよう
にすること。

ウ　学年の内容を2学年まとめて示した教科及び外国語活動については，当該学年
間を見通して，児童や学校，地域の実態に応じ，児童の発達の段階を考慮しつつ，
効果的，段階的に指導するようにすること。

エ　児童の実態等を考慮し，指導の効果を高めるため，児童の発達の段階や指導内
容の関連性等を踏まえつつ，合科的・関連的な指導を進めること。

4　学校段階等間の接続

教育課程の編成に当たっては，次の事項に配慮しながら，学校段階等間の接続
を図るものとする。

（1）幼児期の終わりまでに育ってほしい姿を踏まえた指導を工夫することにより，
幼稚園教育要領等に基づく幼児期の教育を通して育まれた資質・能力を踏まえて
教育活動を実施し，児童が主体的に自己を発揮しながら学びに向かうことが可能
となるようにすること。また，低学年における教育全体において，例えば生活科
において育成する自立し生活を豊かにしていくための資質・能力が，他教科等の
学習においても生かされるようにするなど，教科等間の関連を積極的に図り，幼
児期の教育及び中学年以降の教育との円滑な接続が図られるよう工夫すること。

特に，小学校入学当初においては，幼児期において自発的な活動としての遊び
を通して育まれてきたことが，各教科等における学習に円滑に接続されるよう，
生活科を中心に，合科的・関連的な指導や弾力的な時間割の設定など，指導の工
夫や指導計画の作成を行うこと。

（2）中学校学習指導要領及び高等学校学習指導要領を踏まえ，中学校教育及びそ
の後の教育との円滑な接続が図られるよう工夫すること。特に，義務教育学校，
中学校連携型小学校及び中学校併設型小学校においては，義務教育9年間を見通
した計画的かつ継続的な教育課程を編成すること。

第3　教育課程の実施と学習評価

1　主体的・対話的で深い学びの実現に向けた授業改善

各教科等の指導に当たっては，次の事項に配慮するものとする。

（1）第1の3の（1）から（3）までに示すことが偏りなく実現されるよう，単
元や題材など内容や時間のまとまりを見通しながら，児童の主体的・対話的で深
い学びの実現に向けた授業改善を行うこと。

特に，各教科等において身に付けた知識及び技能を活用したり，思考力，判断
力，表現力等や学びに向かう力，人間性等を発揮させたりして，学習の対象とな
る物事を捉え思考することにより，各教科等の特質に応じた物事を捉える視点や

考え方（以下「見方・考え方」という。）が鍛えられていくことに留意し，児童が各教科等の特質に応じた見方・考え方を働かせながら，知識を相互に関連付けてより深く理解したり，情報を精査して考えを形成したり，問題を見いだして解決策を考えたり，思いや考えを基に創造したりすることに向かう過程を重視した学習の充実を図ること。

（2）第2の2の（1）に示す言語能力の育成を図るため，各学校において必要な言語環境を整えるとともに，国語科を要としつつ各教科等の特質に応じて，児童の言語活動を充実すること。あわせて，（7）に示すとおり読書活動を充実すること。

（3）第2の2の（1）に示す情報活用能力の育成を図るため，各学校において，コンピュータや情報通信ネットワークなどの情報手段を活用するために必要な環境を整え，これらを適切に活用した学習活動の充実を図ること。また，各種の統計資料や新聞，視聴覚教材や教育機器などの教材・教具の適切な活用を図ること。あわせて，各教科等の特質に応じて，次の学習活動を計画的に実施すること。

ア　児童がコンピュータで文字を入力するなどの学習の基盤として必要となる情報手段の基本的な操作を習得するための学習活動

イ　児童がプログラミングを体験しながら，コンピュータに意図した処理を行わせるために必要な論理的思考力を身に付けるための学習活動

（4）児童が学習の見通しを立てたり学習したことを振り返ったりする活動を，計画的に取り入れるように工夫すること。

（5）児童が生命の有限性や自然の大切さ，主体的に挑戦してみることや多様な他者と協働することの重要性などを実感しながら理解することができるよう，各教科等の特質に応じた体験活動を重視し，家庭や地域社会と連携しつつ体系的・継続的に実施できるよう工夫すること。

（6）児童が自ら学習課題や学習活動を選択する機会を設けるなど，児童の興味・関心を生かした自主的，自発的な学習が促されるよう工夫すること。

（7）学校図書館を計画的に利用しその機能の活用を図り，児童の主体的・対話的で深い学びの実現に向けた授業改善に生かすとともに，児童の自主的，自発的な学習活動や読書活動を充実すること。また，地域の図書館や博物館，美術館，劇場，音楽堂等の施設の活用を積極的に図り，資料を活用した情報の収集や鑑賞等の学習活動を充実すること。

2　学習評価の充実

学習評価の実施に当たっては，次の事項に配慮するものとする。

（1）児童のよい点や進歩の状況などを積極的に評価し，学習したことの意義や価

値を実感できるようにすること。また，各教科等の目標の実現に向けた学習状況
を把握する観点から，単元や題材など内容や時間のまとまりを見通しながら評価
の場面や方法を工夫して，学習の過程や成果を評価し，指導の改善や学習意欲の
向上を図り，資質・能力の育成に生かすようにすること。

（2）創意工夫の中で学習評価の妥当性や信頼性が高められるよう，組織的かつ計
画的な取組を推進するとともに，学年や学校段階を越えて児童の学習の成果が円
滑に接続されるように工夫すること。

第2章　第5節　生活
第1　目標
　　具体的な活動や体験を通して，身近な生活に関わる見方・考え方を生かし，自
　立し生活を豊かにしていくための資質・能力を次のとおり育成することを目指す。
（1）活動や体験の過程において，自分自身，身近な人々，社会及び自然の特徴や
　よさ，それらの関わり等に気付くとともに，生活上必要な習慣や技能を身に付け
　るようにする。
（2）身近な人々，社会及び自然を自分との関わりで捉え，自分自身や自分の生活
　について考え，表現することができるようにする。
（3）身近な人々，社会及び自然に自ら働きかけ，意欲や自信をもって学んだり生
　活を豊かにしたりしようとする態度を養う。
第2　各学年の目標及び内容
〔第1学年及び第2学年〕
1　目標
（1）学校，家庭及び地域の生活に関わることを通して，自分と身近な人々，社会
　及び自然との関わりについて考えることができ，それらのよさやすばらしさ，自
　分との関わりに気付き，地域に愛着をもち自然を大切にしたり，集団や社会の一
　員として安全で適切な行動をしたりするようにする。
（2）身近な人々，社会及び自然と触れ合ったり関わったりすることを通して，そ
　れらを工夫したり楽しんだりすることができ，活動のよさや大切さに気付き，自
　分たちの遊びや生活をよりよくするようにする。
（3）自分自身を見つめることを通して，自分の生活や成長，身近な人々の支えに
　ついて考えることができ，自分のよさや可能性に気付き，意欲と自信をもって生
　活するようにする。
2　内容
　　1の資質・能力を育成するため，次の内容を指導する。

241

〔学校，家庭及び地域の生活に関する内容〕
（1）学校生活に関わる活動を通して，学校の施設の様子や学校生活を支えている人々や友達，通学路の様子やその安全を守っている人々などについて考えることができ，学校での生活は様々な人や施設と関わっていることが分かり，楽しく安心して遊びや生活をしたり，安全な登下校をしたりしようとする。
（2）家庭生活に関わる活動を通して，家庭における家族のことや自分でできることなどについて考えることができ，家庭での生活は互いに支え合っていることが分かり，自分の役割を積極的に果たしたり，規則正しく健康に気を付けて生活したりしようとする。
（3）地域に関わる活動を通して，地域の場所やそこで生活したり働いたりしている人々について考えることができ，自分たちの生活は様々な人や場所と関わっていることが分かり，それらに親しみや愛着をもち，適切に接したり安全に生活したりしようとする。
〔身近な人々，社会及び自然と関わる活動に関する内容〕
（4）公共物や公共施設を利用する活動を通して，それらのよさを感じたり働きを捉えたりすることができ，身の回りにはみんなで使うものがあることやそれらを支えている人々がいることなどが分かるとともに，それらを大切にし，安全に気を付けて正しく利用しようとする。
（5）身近な自然を観察したり，季節や地域の行事に関わったりするなどの活動を通して，それらの違いや特徴を見付けることができ，自然の様子や四季の変化，季節によって生活の様子が変わることに気付くとともに，それらを取り入れ自分の生活を楽しくしようとする。
（6）身近な自然を利用したり，身近にある物を使ったりするなどして遊ぶ活動を通して，遊びや遊びに使う物を工夫してつくることができ，その面白さや自然の不思議さに気付くとともに，みんなと楽しみながら遊びを創り出そうとする。
（7）動物を飼ったり植物を育てたりする活動を通して，それらの育つ場所，変化や成長の様子に関心をもって働きかけることができ，それらは生命をもっていることや成長していることに気付くとともに，生き物への親しみをもち，大切にしようとする。
（8）自分たちの生活や地域の出来事を身近な人々と伝え合う活動を通して，相手のことを想像したり伝えたいことや伝え方を選んだりすることができ，身近な人々と関わることのよさや楽しさが分かるとともに，進んで触れ合い交流しようとする。

〔自分自身の生活や成長に関する内容〕

（9）自分自身の生活や成長を振り返る活動を通して，自分のことや支えてくれた
人々について考えることができ，自分が大きくなったこと，自分でできるように
なったこと，役割が増えたことなどが分かるとともに，これまでの生活や成長を
支えてくれた人々に感謝の気持ちをもち，これからの成長への願いをもって，意
欲的に生活しようとする。

第3　指導計画の作成と内容の取扱い

1　指導計画の作成に当たっては，次の事項に配慮するものとする。

（1）年間や，単元など内容や時間のまとまりを見通して，その中で育む資質・能
力の育成に向けて，児童の主体的・対話的で深い学びの実現を図るようにするこ
と。その際，児童が具体的な活動や体験を通して，身近な生活に関わる見方・考
え方を生かし，自分と地域の人々，社会及び自然との関わりが具体的に把握でき
るような学習活動の充実を図ることとし，校外での活動を積極的に取り入れるこ
と。

（2）児童の発達の段階や特性を踏まえ，2学年間を見通して学習活動を設定する
こと。

（3）第2の内容の（7）については，2学年間にわたって取り扱うものとし，動
物や植物への関わり方が深まるよう継続的な飼育，栽培を行うようにすること。

（4）他教科等との関連を積極的に図り，指導の効果を高め，低学年における教育
全体の充実を図り，中学年以降の教育へ円滑に接続できるようにするとともに，
幼稚園教育要領等に示す幼児期の終わりまでに育ってほしい姿との関連を考慮す
ること。特に，小学校入学当初においては，幼児期における遊びを通した総合的
な学びから他教科等における学習に円滑に移行し，主体的に自己を発揮しながら，
より自覚的な学びに向かうことが可能となるようにすること。その際，生活科を
中心とした合科的・関連的な指導や，弾力的な時間割の設定を行うなどの工夫を
すること。

（5）障害のある児童などについては，学習活動を行う場合に生じる困難さに応じ
た指導内容や指導方法の工夫を計画的，組織的に行うこと。

（6）第1章総則の第1の2の（2）に示す道徳教育の目標に基づき，道徳科など
との関連を考慮しながら，第3章特別の教科道徳の第2に示す内容について，生
活科の特質に応じて適切な指導をすること。

2　第2の内容の取扱いについては，次の事項に配慮するものとする。

（1）地域の人々，社会及び自然を生かすとともに，それらを一体的に扱うよう学
習活動を工夫すること。

（２）身近な人々，社会及び自然に関する活動の楽しさを味わうとともに，それら
　を通して気付いたことや楽しかったことなどについて，言葉，絵，動作，劇化な
　どの多様な方法により表現し，考えることができるようにすること。また，この
　ように表現し，考えることを通して，気付きを確かなものとしたり，気付いたこ
　とを関連付けたりすることができるよう工夫すること。
（３）具体的な活動や体験を通して気付いたことを基に考えることができるように
　するため，見付ける，比べる，たとえる，試す，見通す，工夫するなどの多様な
　学習活動を行うようにすること。
（４）学習活動を行うに当たっては，コンピュータなどの情報機器について，その
　特質を踏まえ，児童の発達の段階や特性及び生活科の特質などに応じて適切に活
　用するようにすること。
（５）具体的な活動や体験を行うに当たっては，身近な幼児や高齢者，障害のある
　児童生徒などの多様な人々と触れ合うことができるようにすること。
（６）生活上必要な習慣や技能の指導については，人，社会，自然及び自分自身に
　関わる学習活動の展開に即して行うようにすること。

著者紹介

關　　浩和（SEKI Hirokazu）

1958 年 9 月　愛媛県松山市に生まれる。
2005 年 3 月　博士（学校教育学）
現在　兵庫教育大学大学院教授
　　　岡山大学教育学部非常勤講師
　　　山口大学教職大学院非常勤講師
　　　大谷大学教育学部非常勤講師
専門分野　社会認識教育学（社会科教育・生活科教育）
　　　　　教育方法学（教育課程論）
URL：http://hiroseki.sakura.ne.jp

〈主な著書（単著のみ）〉
『カリキュラム・マネジメントの理論と方法』兵庫教育大学，2019 年。
『カリキュラム・マネジメント−インストラクショナル・デザインの理論と方法−』
兵庫教育大学，2016 年。
『生活科授業デザイン論』ふくろう出版，2015 年。
『教育実践研究のためのカリキュラム・マネジメント』兵庫教育大学，2013 年。
『生活科授業デザインの理論と方法』ふくろう出版，2011 年。
『情報読解力形成に関わる社会科授業構成論−構成主義的アプローチの理論と展開−』
風間書房，2009 年。
『小学校新教育課程　社会科の指導計画作成と授業づくり』明治図書，2009 年。
『情報リテラシーと社会科授業の改善』明治図書，2007 年。
『学力の質的向上をめざす社会科授業の創造』明治図書，2005 年。
『子どもの「学び」につなげる社会科授業の創造』学校教育研究会，2003 年。
『ウェッビング法−子どもと創出する教材研究法−』明治図書，2002 年。
『総合的な学習につなげる「創造型生活科授業の構想」』学校教育研究会，1997 年。
『ランドマークを見つけよう』近代文藝社，1997 年。など多数。

挿絵：まゆみ

JCOPY 〈(社)出版者著作権管理機構 委託出版物〉

本書の無断複写（電子化を含む）は著作権法上での例外を除き禁じられて
います。本書をコピーされる場合は、そのつど事前に(社)出版者著作権管
理機構（電話 03-5244-5088、FAX 03-5244-5089、e-mail: info@jcopy.or.jp）
の許諾を得てください。
また本書を代行業者等の第三者に依頼してスキャンやデジタル化するこ
とは、たとえ個人や家庭内での利用であっても著作権法上認められてお
りません。

生活科
カリキュラム・マネジメント

2019 年 7 月 20 日　初版発行
2023 年 9 月 22 日　第 2 刷発行

著　　者　關　浩和

発　　行　**ふくろう出版**
　　　　　〒700-0035　岡山市北区高柳西町 1-23
　　　　　　　　　　友野印刷ビル
　　　　　TEL：086-255-2181
　　　　　FAX：086-255-6324
　　　　　http://www.296.jp
　　　　　e-mail：info@296.jp
　　　　　振替　01310-8-95147

印刷・製本　友野印刷株式会社
ISBN978-4-86186-756-9 C3037
ⒸSEKI Hirokazu 2019

定価はカバーに表示してあります。乱丁・落丁はお取り替えいたします。